대한민국 법령 시리즈 296

우편법

법령
시행령
시행규칙

해광출판사

머리말

이 책은 방대한 법전을 보지 않고 간편하게 해당되는 법령만 참고해서 볼 수 있도록 하였습니다. 공공기관이나 관련 종사자들이 쉽고 간편하게 해당 법령을 참조 할 수 있도록 하였습니다.

특히 해당법률은 물론 관련 시행령, 시행규칙을 함께 실어 관련법을 서로 참고할 수 있게 하였습니다.

법률이라는 것이 크든 작든 항상 변하는 관계로, 출간 이후의 정확하고 최신의 법률은 법제처 국가법령정보센터에서 확인이 가능하니 법률의 실제 적용 시 확인이 필요한 점 유의하기를 바랍니다.

편집부

* 수록 법률은 법제처 국가법령정보센터에서 확인 가능합니다.
* 발행일 기준 시행 법률이므로 최신 법령은 위 센터에서 볼 수 있습니다.
* 본 책자에 수록된 법률의 문구에 대하여 법적인 효력은 없으며,
  실제 적용 법률은 위 센터에서 최신의 법률로 확인하시기 바랍니다.
* 해당 법령과 함께 시행령, 시행규칙도 수록되어 있습니다.
* 발행일 기준으로 개정 예정 법률은 밑줄로 별도 표시되어 있으며,
  보다 정확한 것은 법제처에서 확인하기 바랍니다.

목차

우편법

[시행 2024. 7. 24.] [법률 제20063호, 2024. 1. 23., 일부개정]

**개정 예정 법률 밑줄 별도 표시.

우편법

[시행 2024. 7. 24.] [법률 제20063호, 2024. 1. 23., 일부개정]

제1장 총칙 〈개정 2011. 12. 2.〉

제1조(목적) 이 법은 우편 이용에 관한 기본적인 사항을 정하여 공평하고 적정한 우편 역무를 제공함으로써 공공의 복지증진에 이바지함을 목적으로 한다.

[전문개정 2011. 12. 2.]

제1조의2(정의) 이 법에서 사용하는 용어의 뜻은 다음과 같다.

1. "우편물"이란 통상우편물과 소포우편물을 말한다.

2. "통상우편물"이란 서신(書信) 등 의사전달물, 통화(송금통지서를 포함한다) 및 소형포장우편물을 말한다.

3. "소포우편물"이란 통상우편물 외의 물건을 포장한 우편물을 말한다.

4. "우편요금"이란 우편물의 발송인이나 수취인이 그 송달의 대가로 우편관서에 내야 하는 금액을 말한다.

5. "우표"란 우편요금의 선납과 우표수집 취미의 문화를 확산시키기 위하여 발행하는 증표를 말한다.

6. "우편요금을 표시하는 증표"란 우편엽서, 항공서신, 우편요금 표시 인영(印影)이 인쇄된 봉투(연하장이나 인사장이 딸린 것을 포함

한다)를 말한다.

7. “서신”이란 의사전달을 위하여 특정인이나 특정 주소로 송부하는 것으로서 문자·기호·부호 또는 그림 등으로 표시한 유형의 문서 또는 전단을 말한다. 다만, 신문, 정기간행물, 서적, 상품안내서 등 대통령령으로 정하는 것은 제외한다.

[전문개정 2011. 12. 2.]

제2조(경영주체와 사업의 독점 등) ① 우편사업은 국가가 경영하며, 과학기술정보통신부장관이 관장한다. 다만, 과학기술정보통신부장관은 우편사업의 일부를 개인, 법인 또는 단체 등으로 하여금 경영하게 할 수 있으며, 그에 관한 사항은 따로 법률로 정한다. 〈개정 2013. 3. 23., 2017. 7. 26.〉

② 누구든지 제1항과 제5항의 경우 외에는 타인을 위한 서신의 송달 행위를 업(業)으로 하지 못하며, 자기의 조직이나 계통을 이용하여 타인의 서신을 전달하는 행위를 하여서는 아니 된다.

③ 제2항에도 불구하고 서신(국가기관이나 지방자치단체에서 발송하는 등기취급 서신은 제외한다)의 중량이 350그램을 넘거나 제45조의2에 따라 서신송달업을 하는 자가 서신송달의 대가로 받는 요금이 대통령령으로 정하는 통상우편요금의 10배를 넘는 경우에는 타인을 위하여 서신을 송달하는 행위를 업으로 할 수 있다. 〈개정 2014. 6. 3.〉

④ 누구든지 제2항 및 제3항을 위반하는 자에게 서신의 송달을 위탁하여서는 아니 된다. 〈개정 2014. 6. 3.〉

⑤ 우편사업이나 우편창구업무의 위탁에 관한 사항은 따로 법률로

정한다. 다만, 과학기술정보통신부장관은 우편창구업무 외의 우편업무의 일부를 대통령령으로 정하는 바에 따라 다른 자에게 위탁할 수 있다. 〈개정 2013. 3. 23., 2017. 7. 26.〉

⑥ 다음 각 호의 어느 하나에 해당하는 사람은 제5항 단서에 따라 과학기술정보통신부장관이 위탁하는 업무 중 우편물을 집배하는 업무에는 종사할 수 없다. 〈신설 2022. 6. 10.〉

1. 다음 각 목의 어느 하나에 해당하는 죄를 범하여 금고 이상의 실형을 선고받고 그 집행이 끝나거나(집행이 끝난 것으로 보는 경우를 포함한다) 면제된 날부터 최대 20년의 범위에서 범죄의 종류, 죄질, 형기의 장단 및 재범위험성 등을 고려하여 대통령령으로 정하는 기간이 지나지 아니한 사람

가. 「특정강력범죄의 처벌에 관한 특례법」 제2조제1항 각 호에 따른 죄

나. 「특정범죄 가중처벌 등에 관한 법률」 제5조의2, 제5조의4, 제5조의5, 제5조의9 및 제11조에 따른 죄

다. 「마약류 관리에 관한 법률」에 따른 죄

라. 「성폭력범죄의 처벌 등에 관한 특례법」 제2조제1항제2호부터 제4호까지, 제3조부터 제9조까지 및 제15조(제14조의 미수범은 제외한다)에 따른 죄

마. 「아동·청소년의 성보호에 관한 법률」 제2조제2호에 따른 죄

2. 제1호에 따른 죄를 범하여 금고 이상의 형의 집행유예를 선고받고 그 유예기간 중에 있는 사람

⑦ 과학기술정보통신부장관은 제6항에 따른 범죄경력을 확인하기

위하여 필요한 정보에 한정하여 경찰청장에게 범죄경력자료의 조회를 요청할 수 있다. 〈신설 2022. 6. 10.〉

[전문개정 2011. 12. 2.]

제2조의2 삭제 〈2014. 6. 3.〉

제3조(우편물 등의 비밀 보장) 우편업무 또는 제45조의2에 따른 서신송달업에 종사하는 자나 종사하였던 자는 재직 중에 우편 또는 서신에 관하여 알게 된 타인의 비밀을 누설하여서는 아니 된다. 〈개정 2014. 6. 3.〉

[전문개정 2011. 12. 2.]

[제목개정 2014. 6. 3.]

제3조의2(우편물의 운송 명령) ① 과학기술정보통신부장관은 다음 각 호의 어느 하나에 해당하는 자에게 대통령령으로 정하는 바에 따라 우편물의 운송을 명할 수 있다. 〈개정 2013. 3. 23., 2017. 7. 26.〉

1. 철도·궤도 사업을 경영하는 자

2. 일반 교통에 이용하기 위하여 노선을 정하여 정기적으로 또는 임시로 자동차·선박·항공기의 운송사업을 경영하는 자

② 과학기술정보통신부장관은 제1항에 따라 우편물을 운송한 자에게 정당한 보상을 하여야 한다. 〈개정 2013. 3. 23., 2017. 7. 26.〉

[전문개정 2011. 12. 2.]

제3조의3(우편물의 우선 취급) ① 우편물을 운송하는 자는 해당 차량·선박·항공기에 실은 우편물을 그 목적지에서 내릴 때 또는 사

고나 재해로 운송 도중에 바꿔 실을 때에는 다른 화물에 우선하여 내리거나 바꿔 실어야 한다.

② 우편물을 운송하는 자는 위험한 재난으로 인하여 부득이하게 화물을 처분하여야 하는 경우에는 우편물을 가장 나중에 처분하여야 한다.

[전문개정 2011. 12. 2.]

제4조(운송원 등의 조력 청구권) ① 우편업무를 집행 중인 우편운송원, 우편집배원과 우편물을 운송 중인 항공기·차량·선박 등이 사고를 당하였을 때에 우편운송원, 우편집배원 또는 우편관서의 공무원으로부터 도와줄 것을 요구 받은 자는 정당한 사유 없이 그 요구를 거부할 수 없다. 이 경우 우편관서는 도움을 준 자의 청구에 따라 적절한 보수를 지급하여야 한다. 〈개정 2014. 6. 3.〉

② 전시·사변이나 이에 준하는 국가 비상사태 시에 국가기관과 지방자치단체 상호간에 주고 받는 행정우편을 취급하는 운송원 등은 우편관서 외의 다른 기관과 소속 직원에게 행정우편을 운송하기 위하여 필요한 교통수단의 제공이나 그 밖의 도움을 요구할 수 있다.

[전문개정 2011. 12. 2.]

제5조(우편운송원 등의 통행권) ① 우편업무를 집행 중인 우편운송원, 우편집배원과 우편 전용 항공기·차량·선박 등은 도로의 장애로 통행이 곤란할 경우에는 담장이나 울타리가 없는 택지, 전답, 그 밖의 장소를 통행할 수 있다. 이 경우 우편관서는 피해자의 청구에 따라 손실을 보상하여야 한다.

② 우편업무를 집행 중인 우편운송원, 우편집배원과 우편 전용 항

공기 · 차량 · 선박 등은 도선장(渡船場), 운하, 도로, 교량이나 그 밖의 장소를 통행할 때에 통행요금을 지급하지 아니하고 통행할 수 있다. 다만, 청구권자의 청구가 있을 때에는 우편관서는 정당한 보상을 하여야 한다.

③ 우편물을 운송 중인 우편운송원, 우편집배원은 언제든지 도선장에서 도선(渡船)을 요구할 수 있다.

④ 제3항의 요구를 받은 자는 정당한 사유 없이 이를 거부할 수 없다.

[전문개정 2011. 12. 2.]

제6조(이용 제한 및 업무 정지 등) ① 과학기술정보통신부장관은 전시 · 사변이나 이에 준하는 국가 비상사태와 천재지변이나 그 밖의 부득이한 사유가 있을 경우에 우편운송원 및 우편집배원의 생명 · 신체를 보호하거나 중요한 우편물의 취급을 확보하기 위하여 필요하다고 인정될 때에는 우편물의 이용을 제한하거나 우편업무의 일부를 정지할 수 있다. 〈개정 2013. 3. 23., 2017. 7. 26., 2018. 2. 21.〉

② 과학기술정보통신부장관은 제1항에 따라 우편업무의 일부가 정지된 우편운송원 및 우편집배원에 대하여 승진 · 전보 · 교육 · 포상 및 후생복지 등에서 불리한 처우를 하여서는 아니 된다. 〈신설 2018. 2. 21., 2020. 6. 9.〉

③ 제1항에 따른 우편물의 이용 제한 및 우편업무의 일부 정지에 관한 기준은 대통령령으로 정한다. 〈신설 2018. 2. 21.〉

[전문개정 2011. 12. 2.]

[제목개정 2018. 2. 21.]

제7조(우편 전용 물건 등의 압류 금지와 부과 면제) ① 우편을 위한 용도로만 사용되는 물건과 우편을 위한 용도로 사용 중인 물건은 압류할 수 없다.

② 우편을 위한 용도로만 사용되는 물건(우편에 관한 서류를 포함한다)은 각종 세금 및 공과금의 부과 대상이 되지 아니한다. 〈개정 2020. 6. 9.〉

③ 우편물과 그 취급에 필요한 물건은 해손(海損)을 부담하지 아니한다.

[전문개정 2011. 12. 2.]

제8조(우편물의 압류거부권) 우편관서는 우편물을 운송 중이거나 우편물의 발송 준비를 마친 후에만 그 압류를 거부할 수 있다.

[전문개정 2011. 12. 2.]

제9조(우편물의 검역) 우편물의 검역을 받아야 하는 경우에는 다른 물건에 우선하여 검역을 받는다.

[전문개정 2011. 12. 2.]

제10조(제한능력자의 행위에 관한 의제) 우편물의 발송·수취나 그 밖에 우편 이용에 관하여 제한능력자가 우편관서에 대하여 행한 행위는 능력자가 행한 것으로 본다. 〈개정 2019. 12. 10.〉

[전문개정 2011. 12. 2.]

[제목개정 2019. 12. 10.]

제11조 삭제 〈2011. 12. 2.〉

제12조(「우편환법」의 적용) 우편에 의한 추심금(推尋金)의 지급이나 그 밖의 처분에 관하여는 이를 우편환금(郵便換金)으로 보고 「우편환

법」을 적용한다. 〈개정 2021. 10. 19.〉

[전문개정 2011. 12. 2.]

제12조의2(우편작업의 효율화를 위한 지원 등) ① 과학기술정보통신부장관은 우편물의 수집·구분·운송·배달 등 우편 작업의 효율을 높이고 우편 이용자의 편의를 도모하기 위하여 해당 작업이나 이용에 관련되는 자 등에 대하여 대통령령으로 정하는 바에 따라 필요한 지원을 할 수 있다. 〈개정 2013. 3. 23., 2017. 7. 26.〉

② 과학기술정보통신부장관은 우편 이용자의 편의를 도모하고 우편사업의 건전한 발전을 위하여 우편 관련 용품·장비의 개선 등에 관한 기술개발을 지원할 수 있다. 〈개정 2013. 3. 23., 2017. 7. 26.〉

[전문개정 2011. 12. 2.]

제12조의3(권한의 위임) 이 법에 따른 과학기술정보통신부장관의 권한은 그 일부를 대통령령으로 정하는 바에 따라 그 소속 기관의 장에게 위임할 수 있다. 〈개정 2013. 3. 23., 2017. 7. 26.〉

[전문개정 2011. 12. 2.]

제2장 우편역무 〈개정 2011. 12. 2.〉

제13조 삭제 〈1997·8·28〉

제14조(보편적 우편역무의 제공) ① 과학기술정보통신부장관은 전국에 걸쳐 효율적인 우편송달에 관한 체계적인 조직을 갖추어 모든 국민이 공평하게 적정한 요금으로 우편물을 보내고 받을 수 있는 기본적인 우편역무(이하 "보편적 우편역무"라 한다)를 제공하여야 한

다. <개정 2013. 3. 23., 2017. 7. 26.>

② 제1항에 따른 보편적 우편역무의 대상은 다음 각 호와 같다.

1. 2킬로그램 이하의 통상우편물

2. 20킬로그램 이하의 소포우편물

3. 제1호 또는 제2호의 우편물의 기록취급 등 특수취급우편물

4. 그 밖에 대통령령으로 정하는 우편물

③ 과학기술정보통신부장관은 과학기술정보통신부령으로 정하는 바에 따라 보편적 우편역무 제공에 필요한 우편물의 수집·배달 횟수, 우편물 송달에 걸리는 기간, 이용조건 등에 필요한 사항을 정하여 고시하여야 한다. <개정 2013. 3. 23., 2017. 7. 26.>

[전문개정 2011. 12. 2.]

제15조(선택적 우편역무의 제공) ① 과학기술정보통신부장관은 고객의 필요에 따라 제14조에 따른 보편적 우편역무 외의 우편역무(이하 "선택적 우편역무"라 한다)를 제공할 수 있다. <개정 2013. 3. 23., 2017. 7. 26.>

② 제1항에 따른 선택적 우편역무의 대상은 다음 각 호와 같다.

1. 2킬로그램을 초과하는 통상우편물

2. 20킬로그램을 초과하는 소포우편물

3. 제1호 또는 제2호의 우편물의 기록취급 등 특수취급우편물

4. 우편과 다른 기술 또는 역무가 결합된 역무

5. 우편시설, 우표, 우편엽서, 우편요금 표시 인영이 인쇄된 봉투 또는 우편차량장비 등을 이용하는 역무

6. 우편 이용과 관련된 용품의 제조 및 판매

7. 그 밖에 우편역무에 부가하거나 부수하여 제공하는 역무

③ 선택적 우편역무의 종류와 그 이용조건은 과학기술정보통신부령으로 정한다. 〈개정 2013. 3. 23., 2017. 7. 26.〉

[전문개정 2011. 12. 2.]

제15조의2(우편업무의 전자화) ① 과학기술정보통신부장관은 우편업무를 효율적으로 처리하기 위하여 필요한 경우에는 종이문서나 그 밖에 전자적 형태로 작성되지 아니한 문서(이하 "전자화대상문서"라 한다)를 정보처리시스템이 처리할 수 있는 형태로 변환하여 처리할 수 있다.

② 제1항에 따라 정보처리시스템이 처리할 수 있는 형태로 변환한 문서(이하 "전자화문서"라 한다)가 다음 각 호의 요건을 모두 갖춘 경우에는 그 전자화문서를 보관함으로써 전자화대상문서의 보관을 갈음할 수 있다.

1. 전자화문서가 전자화대상문서와 그 내용 및 형태가 동일할 것

2. 전자화문서의 내용을 열람할 수 있을 것

3. 전자화문서가 작성 및 송신·수신된 때의 형태 또는 그와 같이 재현될 수 있는 형태로 보존되어 있을 것

4. 전자화문서의 작성자, 수신자 및 송신·수신 일시에 관한 사항이 포함되어 있는 경우에는 그 부분이 보존되어 있을 것

③ 과학기술정보통신부장관은 전자화문서를 출력한 문서가 제4항에 따른 전자우편서류관리시스템에 보관하고 있는 전자화문서와 일치하는지 여부를 확인할 수 있다.

④ 과학기술정보통신부장관은 전자화문서의 작성 및 보관, 제3항

에 따른 동일성 확인, 그 밖에 우편업무의 전자적 처리를 효율적으로 수행하기 위하여 전자우편서류관리시스템(이하 "전자우편서류관리시스템"이라 한다)을 구축하여 운영할 수 있다.

⑤ 전자화문서의 작성 방법 및 절차와 보관, 제3항에 따른 동일성 확인, 전자우편서류관리시스템의 구축·운영, 그 밖에 필요한 사항은 대통령령으로 정한다.

[본조신설 2018. 2. 21.]

제16조(군사우편) ① 과학기술정보통신부장관은 국방부장관의 요청에 따라 국군이 주둔하는 지역으로서 우체국의 기능이 미치지 아니하는 지역에 있는 부대(기관을 포함한다. 이하 같다)와 그 부대에 속하는 군인·군무원에 대한 우편역무(이하 "군사우편"이라 한다)를 제공할 수 있다. 〈개정 2013. 3. 23., 2017. 7. 26.〉

② 군사우편물의 요금은 일반우편요금의 2분의 1로 한다.

③ 국방부장관은 군사우편을 취급하는 우체국(이하 "군사우체국"이라 한다)에 필요한 시설·장비를 제공하는 것 외에 용역의 일부를 지원할 수 있다. 부대의 이동에 따라 군사우체국을 이동하는 경우에도 또한 같다.

④ 국방부장관은 특별한 사유가 있는 경우 외에는 군사우체국 직원에게 영내(營內) 출입, 군(軍)주둔지역의 통행, 그 밖의 업무 수행에 필요한 편의를 제공하여야 한다.

⑤ 제2항부터 제4항까지에 규정된 것 외에 군사우편에 필요한 사항은 대통령령으로 정한다.

[전문개정 2011. 12. 2.]

제17조(우편금지물품, 우편물의 용적·중량 및 포장 등) ① 과학기술정보통신부장관은 건전한 사회질서를 해치거나 우편물의 안전한 송달을 해치는 물건(음란물, 폭발물, 총기·도검, 마약류 및 독극물 등으로서 우편으로 취급하는 것이 부적절하다고 인정되는 물건을 말하며, 이하 "우편금지물품"이라 한다)을 정하여 고시하여야 한다. 〈개정 2013. 3. 23., 2017. 7. 26.〉

② 과학기술정보통신부장관은 우편물의 취급 용적·중량 및 포장에 관한 사항을 정하여 고시하여야 한다. 〈개정 2013. 3. 23., 2017. 7. 26.〉

③ 과학기술정보통신부장관은 우편금지물품과 제2항에 따라 고시한 기준에 맞지 아니한 물건에 대하여는 우편역무의 제공을 거절하거나 제한할 수 있다. 〈개정 2013. 3. 23., 2017. 7. 26.〉

[전문개정 2011. 12. 2.]

제18조 삭제 〈1997·8·28〉

제3장 우편에 관한 요금 〈개정 2011. 12. 2.〉

제19조(우편요금 등의 결정) 우편에 관한 요금과 우편 이용에 관한 수수료(이하 "요금등"이라 한다)는 과학기술정보통신부장관이 정한다. 〈개정 2013. 3. 23., 2017. 7. 26.〉

[전문개정 2011. 12. 2.]

제20조(요금등의 납부방법) 요금등은 다음 각 호의 방법으로 내게 할 수 있다. 〈개정 2019. 12. 10.〉

1. 현금

2. 우표

3. 우편요금을 표시하는 증표

4. 「여신전문금융업법」에 따른 신용카드 또는 직불카드

4의2. 「전자금융거래법」에 따른 직불전자지급수단

5. 정보통신망을 이용한 전자화폐 또는 전자결제

6. 우편요금이 인쇄된 라벨 등 과학기술정보통신부령으로 정하는 납부방법

[전문개정 2011. 12. 2.]

제21조(우표의 발행권) ① 우표와 우편요금을 표시하는 증표는 과학기술정보통신부장관이 발행한다. 〈개정 2013. 3. 23., 2017. 7. 26.〉

② 우표와 우편요금을 표시하는 증표의 판매, 관리와 그 밖의 필요한 처분 등에 관한 사항은 과학기술정보통신부령으로 정한다. 〈개정 2013. 3. 23., 2017. 7. 26.〉

③ 우편엽서는 과학기술정보통신부령으로 정하는 바에 따라 제조하여 사용할 수 있다. 〈개정 2013. 3. 23., 2017. 7. 26.〉

[전문개정 2011. 12. 2.]

제21조의2 삭제 〈1997·8·28〉

제22조(우표의 효력) 오염이나 훼손된 우표와 우편요금을 표시하는 증표는 무효로 한다.

[전문개정 2011. 12. 2.]

제23조(요금등의 제척기간) 요금등의 납부의무는 요금등을 내야 하는 날부터 6개월 내에 납부의 고지를 받지 아니한 경우에는 소멸한다. 다만, 불법으로 면탈한 요금에 대하여는 그러하지 아니하다.

[전문개정 2011. 12. 2.]

제24조(체납 요금등의 징수방법) ① 요금등의 체납 금액은 「국세징수법」에 따른 체납처분의 예에 따라 징수한다.

② 제1항의 경우 체납 요금등에 대하여는 대통령령으로 정하는 바에 따라 연체료를 가산하여 징수한다.

③ 제1항과 제2항의 체납 요금등과 연체료는 조세를 제외한 다른 채권에 우선한다.

[전문개정 2011. 12. 2.]

제25조(기납·과납 요금의 반환 등) 우편에 관하여 이미 냈거나 초과하여 낸 요금은 대통령령으로 정하는 경우 외에는 되돌려 주지 아니한다.

[전문개정 2011. 12. 2.]

제26조(무료 우편물) 다음 각 호의 우편물은 우편요금을 무료로 할 수 있다. 〈개정 2013. 3. 23., 2014. 6. 3., 2015. 12. 22., 2017. 7. 26.〉

1. 과학기술정보통신부와 그 소속 기관이 발송하는 우편물 중 우편업무와 관련된 것

2. 과학기술정보통신부와 그 소속 기관으로 발송하는 우편물 중 우편물에 관한 손해배상, 우편요금 등의 반환 청구, 우편물에 관한 사고조회 및 과학기술정보통신부와 그 소속 기관의 우편업무상 의뢰에 의한 것

3. 재해복구를 위하여 설치된 구호기관이 이재민의 구호를 위하여 발송하는 것

4. 시각장애인용 점자 또는 시각장애인을 위한 법인·단체 또는 시설(법률에 따라 설치되거나 허가·등록·신고 등을 한 법인·단체 또는 시설만 해당한다)에서 시각장애인용 녹음물을 발송하는 것

5. 전쟁포로가 발송하는 것

[전문개정 2011. 12. 2.]

[제목개정 2014. 6. 3.]

제26조의2(요금등의 감액) ① 과학기술정보통신부장관은 우편 이용의 편의와 우편물의 원활한 송달을 확보할 수 있는 방법으로 발송하는 다량의 우편물에 대하여는 그 요금등의 일부를 감액할 수 있다. 〈개정 2013. 3. 23., 2017. 7. 26.〉

② 제1항에 따라 요금등을 감액할 수 있는 우편물의 종류, 수량, 취급 요건 및 감액 범위 등에 관한 사항은 과학기술정보통신부령으로 정한다. 〈개정 2013. 3. 23., 2017. 7. 26.〉

[전문개정 2011. 12. 2.]

제4장 우편물의 취급 〈개정 2011. 12. 2.〉

제27조(우편물 내용의 신고와 개봉 요구) ① 우편관서는 우편물을 접수할 때에 우편물 내용물의 종류와 성질에 대하여 발송인에게 신고를 받을 수 있다.

② 제1항의 경우 우편물의 내용이 발송인의 신고와 달라서 이 법 또는 대통령령으로 정한 규정을 위반한다고 인정되면 우편관서는 발송인에게 그 개봉을 요구할 수 있다.

③ 발송인이 제1항의 신고나 제2항의 개봉을 거부할 때에는 우편

물은 접수하지 아니할 수 있다.

[전문개정 2011. 12. 2.]

제28조(법규 위반 우편물의 개봉) ① 우편관서는 취급 중인 우편물의 내용이 이 법 또는 대통령령으로 정한 규정을 위반한 혐의가 있으면 발송인이나 수취인에게 그 우편물의 개봉을 요구할 수 있다.

② 발송인이나 수취인이 제1항의 개봉을 거부하였을 때 또는 발송인이나 수취인에게 그 개봉을 요구할 수 없을 때에는 과학기술정보통신부장관이 지정하는 우편관서의 장이 그 우편물을 개봉할 수 있다. 다만, 대통령령으로 정하는 봉함한 우편물은 개봉하지 아니한 채로 발송인에게 되돌려 보내야 한다. 〈개정 2013. 3. 23., 2017. 7. 26.〉

[전문개정 2011. 12. 2.]

제29조(법규 위반 우편물의 반환) 우편관서는 취급 중인 우편물이 이 법 또는 대통령령으로 정한 규정을 위반하였을 때에는 발송인에게 되돌려 보내야 한다. 다만, 다른 법률에 따라 되돌려 보내지 아니할 수 있는 경우에는 그러하지 아니하다.

[전문개정 2011. 12. 2.]

[제목개정 2015. 12. 22.]

제30조 삭제 〈1997·8·28〉

제31조(우편물의 배달) 우편물은 그 표면에 기재된 곳에 배달한다. 다만, 대통령령으로 정하는 경우는 그러하지 아니하다.

[전문개정 2011. 12. 2.]

제31조의2(우편물의 전송) ① 과학기술정보통신부장관은 우편물의

수취인이 주거를 이전하고 그 이전한 곳을 과학기술정보통신부령으로 정하는 바에 따라 신고한 경우에는 수취인이 이전한 곳으로 우편물을 무료로 전송하여야 한다. 다만, 주거이전을 신고한 날부터 3개월이 지난 후에 도착하는 우편물은 발송인에게 되돌려 보낼 수 있다. 〈개정 2017. 7. 26.〉

② 제1항에도 불구하고 다음 각 호의 어느 하나에 해당하는 경우에 는 대통령령으로 정하는 바에 따라 수취인에게 수수료를 내게 하고 우편물을 전송할 수 있다.

1. 주거이전을 신고한 날부터 3개월이 지난 후에 도착하는 우편물을 수취인이 받기를 신고한 경우

2. 수취인이 주거를 이전한 곳에 우편물을 전송하는 데 상당한 비용이 소요되는 경우

[본조신설 2015. 1. 20.]

제32조(반환우편물의 처리) ① 수취인에게 배달할 수 없거나 수취인이 수취를 거부한 우편물은 발송인에게 되돌려 보낸다. 다만, 다음 각 호의 어느 하나에 해당하는 경우에는 그러하지 아니하다. 〈개정 2013. 3. 23., 2015. 12. 22., 2017. 7. 26., 2024. 1. 23.〉

1. 발송인이 발송할 때에 과학기술정보통신부령으로 정하는 바에 따라 반환 거절의 의사를 우편물에 기재한 경우

2. 동시에 또는 일정 기간에 대량으로 발송되는 우편물로서 과학기술정보통신부령으로 정하는 우편물에 해당하는 경우. 다만, 발송인이 발송할 때에 과학기술정보통신부령으로 정하는 바에 따라 반환 의사를 우편물에 기재한 경우는 제외한다.

② 제1항 본문의 경우에 발송인은 되돌아온 우편물의 수취를 정당한 사유 없이 거부할 수 없다.

③ 과학기술정보통신부장관은 제1항 본문에 따라 우편물을 발송인에게 되돌려 보낼 때에는 과학기술정보통신부령으로 정하는 바에 따라 되돌려 보내는 사유를 발송인에게 알려주어야 한다. 〈신설 2015. 1. 20., 2017. 7. 26.〉

[전문개정 2011. 12. 2.]

[제목개정 2015. 12. 22.]

제33조(우편관서의 증명 요구) 우편관서는 우편물 수취인의 진위를 확인하기 위하여 수취인에 대하여 필요한 증명을 요구할 수 있다.

[전문개정 2011. 12. 2.]

제34조(정당 교부의 인정) 이 법 또는 이 법에 따른 명령으로 정한 절차를 밟아 우편물을 내주었을 때에는 정당하게 내준 것으로 본다.

[전문개정 2011. 12. 2.]

제35조(반환 불능 우편물의 개봉) 발송인의 주소나 성명이 불분명하여 되돌려 보낼 수 없는 우편물은 그 주소·성명을 알기 위하여 필요한 경우에는 우편관서에서 이를 개봉할 수 있다.

[전문개정 2011. 12. 2.]

[제목개정 2015. 12. 22.]

제36조(우편물의 처분) ① 제35조에 따라 개봉하여도 배달하거나 되돌려 보낼 수 없는 우편물과 제32조제1항 단서에 따라 되돌려 보내지 아니하는 우편물은 해당 우편관서에서 보관한다. 이 경우 그 우편물이 유가물(有價物)이면 보관한 날부터 1개월간 해당 우편관서

의 게시판 등에 그 사실을 게시하여야 한다.

② 제1항에 따라 보관한 우편물은 다음 각 호의 구분에 따라 처리하여야 한다. 〈개정 2014. 6. 3.〉

1. 유가물이 아닌 경우: 보관하기 시작한 날부터 3개월 내에 내줄 것을 청구하는 자가 없을 때에는 폐기. 다만, 제32조제1항 단서에 따라 발송인에게 되돌려 보내지 아니하는 우편물은 1개월 내에 내줄 것을 청구하는 자가 없을 때에는 폐기한다.

2. 유가물로서 멸실 또는 훼손의 우려가 있는 것이나 보관비용이 지나치게 많이 드는 경우: 매각하여 그 대금을 보관하되 매각하는 데에 드는 비용은 매각한 대금으로 충당

③ 유가물과 매각대금은 그 우편물을 보관한 날부터 1년 내에 내줄 것을 청구하는 자가 없을 때에는 국고에 귀속한다.

[전문개정 2011. 12. 2.]

제37조(우편사서함) 우편관서에 대통령령으로 정하는 바에 따라 우편사서함을 설치할 수 있다.

[전문개정 2011. 12. 2.]

제37조의2(고층건물의 우편수취함 설치) 3층 이상의 고층건물로서 그 전부 또는 일부를 주택·사무소 또는 사업소로 사용하는 건축물에는 대통령령으로 정하는 바에 따라 우편수취함을 설치하여야 한다.

[전문개정 2011. 12. 2.]

제5장 손해배상 〈개정 2011. 12. 2.〉

제38조(손해배상의 범위) ① 과학기술정보통신부장관은 다음 각 호의 어느 하나에 해당하는 사유가 발생한 경우에는 그 손해를 배상하여야 한다. 〈개정 2013. 3. 23., 2017. 7. 26.〉

1. 우편역무 중 취급과정을 기록취급하는 우편물을 잃어버리거나 못 쓰게 하거나 지연 배달한 경우

2. 우편역무 중 보험취급 우편물을 잃어버리거나 못 쓰게 하거나 지연 배달한 경우

3. 우편역무 중 현금추심 취급 우편물을 배달하면서 추심금액을 받지 아니하고 수취인에게 내준 경우

4. 제1호부터 제3호까지 외의 우편역무로서 대통령령으로 정하는 경우

② 제1항의 배상금액과 지연배달의 기준은 과학기술정보통신부령으로 정한다. 〈개정 2013. 3. 23., 2017. 7. 26.〉

③ 국제우편물에 관한 손해배상액은 조약에서 정하는 손해배상액을 넘지 아니하는 범위에서 과학기술정보통신부장관이 정하여 고시한다. 〈개정 2013. 3. 23., 2017. 7. 26.〉

④ 제2항과 제3항의 손해배상액은 대통령령으로 정하는 바에 따라 우편관서에서 즉시 지급할 수 있다.

[전문개정 2011. 12. 2.]

제39조(책임 원인의 제한) 정부는 우편물의 손해가 발송인 또는 수취인의 잘못으로 인한 것이거나 해당 우편물의 성질, 결함 또는 불가항력으로 인하여 발생한 경우에는 제38조에도 불구하고 그 손해를 배상하지 아니한다.

[전문개정 2011. 12. 2.]

제40조(손해배상의 한계) 우편물을 내줄 때에 외부에 파손 흔적이 없고 중량에 차이가 없는 경우에는 손해가 없는 것으로 본다.

[전문개정 2011. 12. 2.]

제41조(우편물 수취거부권) 우편물의 발송인 또는 수취인은 그 우편물에 대하여 우편관서에서 배상하여야 할 손해가 있다고 인정될 때에는 우편물을 받는 것을 거부할 수 있다. 다만, 우편물을 받은 후에는 이의를 제기할 수 없다.

[전문개정 2011. 12. 2.]

제42조(손해배상 청구권자) 제38조에 따른 손해배상을 청구할 수 있는 자는 그 우편물의 발송인이나 그 승인을 받은 수취인으로 한다.

[전문개정 2011. 12. 2.]

제43조(배상 및 보수 등의 단기소멸시효) 이 법에 따른 보수 또는 손실보상, 손해배상의 청구권은 과학기술정보통신부장관이 지정한 우편관서에 대하여 다음 각 호의 구분에 따른 기간 내에 행사하지 아니하면 소멸시효가 완성된다. 〈개정 2013. 3. 23., 2017. 7. 26.〉

1. 제4조제1항 후단에 따른 보수와 제5조제1항·제2항에 따른 보상은 그 사실이 있었던 날부터 1년

2. 제38조에 따른 배상은 우편물을 발송한 날부터 1년

[전문개정 2011. 12. 2.]

제44조(보수 등의 결정에 대한 불복의 구제) 제4조제1항 후단에 따

른 보수, 제5조제1항·제2항에 따른 보상 및 제38조에 따른 손해배상에 관한 과학기술정보통신부장관의 결정에 불복하는 자는 그 통지를 받은 날부터 3개월 내에 소송을 제기할 수 있다. 〈개정 2013. 3. 23., 2017. 7. 26.〉

[전문개정 2011. 12. 2.]

제45조(손해배상에 따른 대위) 우편관서는 손해배상을 한 후 그 우편물의 전부 또는 일부를 발견하였을 때에는 그 손해배상을 받은 자에게 통지하여야 한다. 이 경우 손해배상을 받은 자는 그 통지를 받은 날부터 3개월 내에 대통령령으로 정하는 바에 따라 배상금의 전부 또는 일부를 반환하고 그 우편물의 교부를 청구할 수 있다.

[전문개정 2011. 12. 2.]

제6장 서신송달업자 등의 관리 〈신설 2014. 6. 3.〉

제45조의2(서신송달업의 신고 등) ① 제2조제3항에 따라 서신을 송달하는 업(이하 "서신송달업"이라 한다)을 하려는 자는 과학기술정보통신부장관에게 신고하여야 한다. 다만, 대통령령으로 정하는 기준에 해당하는 소규모 서신송달업을 하려는 자는 신고하지 아니하고 서신송달업을 할 수 있다. 〈개정 2017. 7. 26.〉

② 제1항에 따른 신고를 하려는 자는 해당 신고서에 과학기술정보통신부령으로 정하는 사업계획서를 첨부하여 과학기술정보통신부장관에게 제출하여야 한다. 〈개정 2017. 7. 26.〉

③ 제1항 본문에 따라 서신송달업의 신고를 한 자는 신고한 사항 중 과학기술정보통신부령으로 정하는 사항을 변경하려는 경우에는

변경신고를 하여야 한다. 〈개정 2017. 7. 26.〉

④ 제1항 및 제3항에 따른 신고 및 변경신고에 필요한 사항은 과학기술정보통신부령으로 정한다. 〈개정 2017. 7. 26.〉

[본조신설 2014. 6. 3.]

제45조의3(유사명칭의 사용금지 등) ① 제45조의2제1항 본문에 따라 서신송달업의 신고를 한 자와 같은 항 단서에 따라 신고하지 아니하고 서신송달업을 하는 자(이하 "서신송달업자"라 한다)는 서신송달업무의 운영과정에서 우편관서가 우편사업 운영과 관련하여 사용하는 우편, 우편물, 우체국 및 그와 유사한 명칭을 사용해서는 아니 된다.

② 서신송달업자는 타인에게 자기의 성명 또는 상호를 사용하여 서신송달업을 경영하게 해서는 아니 된다.

[본조신설 2014. 6. 3.]

제45조의4(휴업ㆍ폐업 등의 신고) 서신송달업자(제45조의2제1항 본문에 따라 신고한 서신송달업자만 해당한다. 이하 제45조의5, 제45조의6 및 제45조의8에서 같다)가 그 영업을 30일 이상 휴업 또는 폐업하거나 휴업 후 재개하려는 경우에는 과학기술정보통신부령으로 정하는 바에 따라 과학기술정보통신부장관에게 신고하여야 한다. 〈개정 2017. 7. 26.〉

[본조신설 2014. 6. 3.]

제45조의5(사업개선명령) 과학기술정보통신부장관은 서신송달서비스의 개선과 서신송달업자에 대한 지도ㆍ감독을 위하여 과학기술정보통신부령으로 정하는 바에 따라 필요하다고 인정되는 경우 서신송달

업자에게 다음 각 호의 사항을 명할 수 있다. 〈개정 2017. 7. 26.〉

1. 사업계획의 변경

2. 영업소, 대리점 및 작업장 등 시설의 개선

3. 그 밖에 서신송달업자의 지도·감독을 위하여 필요한 사항

[본조신설 2014. 6. 3.]

제45조의6(영업소의 폐쇄 등) ① 과학기술정보통신부장관은 서신송달업자가 다음 각 호의 어느 하나에 해당하면 영업소의 폐쇄를 명하거나 6개월 이내의 기간을 정하여 그 사업의 전부 또는 일부의 정지를 명할 수 있다. 다만, 제1호 또는 제5호에 해당하면 영업소의 폐쇄를 명하여야 한다. 〈개정 2017. 7. 26.〉

1. 거짓으로 작성된 사업신고서를 제출한 경우

2. 제2조제3항의 중량 및 요금 기준을 위반하여 서신을 취급한 경우

3. 제45조의3제2항을 위반하여 타인에게 자기의 성명 또는 상호를 사용하여 서신송달업을 경영하게 한 경우

4. 제45조의5의 사업개선명령에 따르지 아니한 경우

5. 사업정지명령을 위반하여 사업정지기간에 사업을 경영한 경우

② 제1항에 따른 처분의 기준 및 절차와 그 밖에 필요한 사항은 과학기술정보통신부령으로 정한다. 〈개정 2017. 7. 26.〉

[본조신설 2014. 6. 3.]

제45조의7(보고 및 조사 등) ① 과학기술정보통신부장관은 서신송달업의 감독을 위하여 필요하다고 인정할 때에는 다음 각 호의 어느 하나에 해당하는 자에게 서신송달이나 서신송달 위탁 관련 업무 및

경영상황, 장부·서류, 전산자료, 그 밖에 과학기술정보통신부령으로 정하는 자료를 제출하게 하거나 보고하게 할 수 있다. 〈개정 2017. 7. 26.〉

1. 서신송달업자

2. 서신송달을 위탁한 자

② 과학기술정보통신부장관은 제1항에 따른 제출 자료 또는 보고 내용을 검토한 결과 현장조사를 할 필요가 있다고 인정하는 경우에는 관계 공무원으로 하여금 영업소, 대리점 및 작업장 등 시설이나 그 밖에 필요한 장소에 출입하여 해당 시설이나 서류·장부, 그 밖의 물건을 조사하게 하거나 관계인에게 질문하게 할 수 있다. 〈개정 2017. 7. 26.〉

③ 과학기술정보통신부장관은 제2항에 따른 출입·조사 또는 질문을 하려는 경우에는 출입·조사 또는 질문을 하기 7일 전까지 출입·조사 또는 질문의 일시·이유 및 내용 등을 포함한 계획을 조사대상자에게 통지하여야 한다. 다만, 긴급하거나 사전에 통지하면 증거인멸 등으로 출입·조사 또는 질문의 목적을 달성할 수 없다고 인정되는 경우에는 그러하지 아니하다. 〈개정 2017. 7. 26.〉

④ 제2항에 따라 출입·조사 또는 질문을 하는 공무원은 그 권한을 표시하는 증표를 지니고 이를 관계인에게 보여 주어야 하며, 출입 시 해당 공무원의 성명, 출입 시간 및 출입 목적 등이 적힌 문서를 관계인에게 교부하여야 한다.

[본조신설 2014. 6. 3.]

제45조의8(청문) 과학기술정보통신부장관은 제45조의6제1항에 따라

서신송달업자의 영업소 폐쇄를 명하려면 청문을 하여야 한다. 〈개정 2017. 7. 26.〉

[본조신설 2014. 6. 3.]

제7장 벌칙 〈개정 2011. 12. 2., 2014. 6. 3.〉

제46조(사업독점권 침해의 죄) ① 제2조제2항 및 제3항을 위반하여 타인을 위한 서신의 송달 행위를 업으로 하거나 자기의 조직이나 계통을 이용하여 타인의 서신을 전달하는 행위를 한 자는 3년 이하의 징역 또는 3천만원 이하의 벌금에 처한다. 〈개정 2014. 6. 3.〉

③ 제1항의 경우에 금품을 취득하였으면 그 금품을 몰수한다. 이를 몰수할 수 없을 때에는 그 가액을 추징한다.

④ 법인의 대표자, 대리인, 사용인, 그 밖의 종업원이 법인의 업무에 관하여 제1항의 위반행위를 하면 그 행위자를 벌하는 외에 그 법인에도 해당 조문의 벌금형을 과(科)한다. 다만, 법인이 그 위반행위를 방지하기 위하여 해당 업무에 관하여 상당한 주의와 감독을 게을리하지 아니한 때에는 그러하지 아니하다.

⑤ 개인의 대리인, 사용인, 그 밖의 종업원이 그 개인의 업무에 관하여 제1항의 위반 행위를 하면 그 행위자를 벌할 뿐만 아니라 그 개인에게도 해당 조문의 벌금형을 과한다. 다만, 개인이 그 위반행위를 방지하기 위하여 해당 업무에 관하여 상당한 주의와 감독을 게을리 하지 아니한 때에는 그러하지 아니하다.

[전문개정 2011. 12. 2.]

제47조(우편특권 침해의 죄) 다음 각 호의 어느 하나에 해당하는 자

는 100만원 이하의 벌금에 처한다.

1. 제3조의2제1항에 따른 우편물의 운송명령을 따르지 아니한 자

2. 제4조제1항 전단을 위반하여 정당한 사유 없이 우편운송원, 우편집배원 또는 우편관서 공무원의 조력요구를 거부한 자

3. 제5조제1항 · 제2항에 따른 통행을 방해한 자

4. 제5조제4항을 위반하여 정당한 사유 없이 도선 요구를 거부한 자

5. 제9조를 위반하여 우선 검역을 하지 아니한 자

[전문개정 2011. 12. 2.]

제47조의2(전시 우편특권 침해의 죄) 제4조제2항을 위반하여 우편운송원 등의 조력 요구를 거부한 자는 100만원 이하의 벌금에 처한다.

[전문개정 2011. 12. 2.]

제48조(우편물 등 개봉 훼손의 죄) ① 우편관서 및 서신송달업자가 취급 중인 우편물 또는 서신을 정당한 사유 없이 개봉, 훼손, 은닉 또는 방기(放棄)하거나 고의로 수취인이 아닌 자에게 내준 자는 3년 이하의 징역 또는 3천만원 이하의 벌금에 처한다. 〈개정 2014. 6. 3.〉

② 우편업무 또는 서신송달업무에 종사하는 자가 제1항의 행위를 하였을 때에는 5년 이하의 징역 또는 5천만원 이하의 벌금에 처한다. 〈개정 2014. 6. 3.〉

[전문개정 2011. 12. 2.]

[제목개정 2014. 6. 3.]

第49조(우편전용 물건 손상의 죄) ① 우편을 위한 용도로만 사용되는 물건이나 우편을 위한 용도로 사용 중인 물건에 손상을 주거나 그 밖에 우편에 장해가 될 행위를 한 자는 3년 이하의 징역 또는 3천만원 이하의 벌금에 처한다. 〈개정 2014. 6. 3.〉

② 우편업무에 종사하는 자가 제1항의 행위를 하였을 경우에는 5년 이하의 징역 또는 5천만원 이하의 벌금에 처한다. 〈개정 2014. 6. 3.〉

[전문개정 2011. 12. 2.]

第50조(우편취급 거부의 죄) 우편업무에 종사하는 자가 정당한 사유 없이 우편물의 취급을 거부하거나 이를 고의로 지연시키게 한 경우에는 1년 이하의 징역 또는 1천만원 이하의 벌금에 처한다. 〈개정 2014. 6. 3.〉

[전문개정 2011. 12. 2.]

第51조(서신의 비밀침해의 죄) ① 우편관서 및 서신송달업자가 취급 중인 서신의 비밀을 침해한 자는 3년 이하의 징역 또는 3천만원 이하의 벌금에 처한다. 〈개정 2014. 6. 3.〉

② 우편업무 및 서신송달업무에 종사하는 자가 제1항의 행위를 하였을 경우에는 5년 이하의 징역 또는 5천만원 이하의 벌금에 처한다. 〈개정 2014. 6. 3.〉

[전문개정 2011. 12. 2.]

第51조의2(비밀 누설의 죄) 제3조를 위반하여 비밀을 누설한 자는 5년 이하의 징역 또는 5천만원 이하의 벌금에 처한다. 〈개정 2014. 6. 3.〉

[전문개정 2011. 12. 2.]

第52조(우편금지물품 발송의 죄) 우편금지물품을 우편물로서 발송한 자는 2년 이하의 징역 또는 2천만원 이하의 벌금에 처하고 그 물건을 몰수한다. 〈개정 2014. 6. 3.〉

[전문개정 2011. 12. 2.]

第53조 삭제 〈1997·8·28〉

第54조(우표를 떼어낸 죄) ① 우편관서에서 취급 중인 우편물에 붙어 있는 우표를 떼어낸 자는 50만원 이하의 벌금에 처한다.

② 제1항의 경우에 소인(消印)이 되지 아니한 우표를 떼어낸 자는 1년 이하의 징역 또는 1천만원 이하의 벌금에 처한다. 〈개정 2014. 6. 3.〉

[전문개정 2011. 12. 2.]

第54조의2(과태료) ① 제2조제4항을 위반하여 서신의 송달을 위탁한 자에게는 5천만원 이하의 과태료를 부과한다. 〈신설 2014. 6. 3.〉

② 다음 각 호의 어느 하나에 해당하는 자에게는 1천만원 이하의 과태료를 부과한다. 〈개정 2014. 6. 3.〉

1. 제45조의2제1항을 위반하여 신고를 하지 아니한 자

2. 제45조의3제1항을 위반하여 유사명칭을 사용한 자

3. 제45조의3제2항을 위반하여 타인에게 자기의 성명 또는 상호를 사용하여 서신송달업을 경영하게 한 자

4. 제45조의4를 위반하여 신고하지 아니하고 휴업·폐업 또는 휴업 후 재개업을 한 자

5. 제45조의7에 따른 자료제출·보고 또는 조사를 정당한 사유 없이 거부·방해 또는 기피한 자

③ 다음 각 호의 어느 하나에 해당하는 자에게는 50만원 이하의 과태료를 부과한다. 〈개정 2014. 6. 3., 2020. 6. 9.〉

1. 제32조제2항을 위반하여 우편물의 수취를 거부한 자

2. 우편업무에 종사하는 자로서 중대한 과실로 인하여 우편물을 잃어버린 자

④ 제1항부터 제3항까지에 따른 과태료는 대통령령으로 정하는 바에 따라 과학기술정보통신부장관이 부과·징수한다. 〈개정 2013. 3. 23., 2014. 6. 3., 2017. 7. 26.〉

[전문개정 2011. 12. 2.]

제55조(미수죄의 처벌) 제46조, 제48조, 제49조, 제51조, 제52조 및 제54조의 미수범은 처벌한다.

[전문개정 2011. 12. 2.]

부칙 〈제542호, 1960. 2. 1.〉

①본법의 시행기일은 대통령령으로 정한다.

②법률제26호 통상우편물의종류와요금에관한법률과 단기4233년 3월 13일 법률 제54호 우편법을 폐지한다. 단, 통상우편물의종류와요금에관한법률에 의하여 규정된 요금은 본법 제19조제1항의 규정에 의하여 정하여진 요금으로 간주한다.

③본법 시행전에 발송한 우편물 또는 발생한 손실보상, 손해배상과 본법 시행전에 발생한 행위의 처벌에 관하여는 종전의 규정에

의한다.

부칙 〈제1254호, 1963. 1. 10.〉

본법은 공포한 날로부터 시행한다.

부칙 〈제1473호, 1963. 12. 5.〉

이 법은 공포한 날로부터 시행한다.

부칙 〈제2196호, 1970. 1. 1.〉

이 법은 공포한 날로부터 시행한다.

부칙 〈제2372호, 1972. 12. 16.〉

①(시행일) 이 법은 공포후 30일이 경과한 날로부터 시행한다.

②(경과조치) 이 법 시행당시 종전의 규정에 의하여 인가된 3종우편물은 이 법에 의한 3종우편물로 본다.

③(동전) 이 법 시행이전에 발생한 행위의 처벌에 관하여는 종전의 규정에 의한다

부칙 〈제3090호, 1977. 12. 31.〉

이 법은 1978년 3월 1일부터 시행한다.

부칙 〈제3602호, 1982. 12. 31.〉

①(시행일) 이 법은 공포한 날로부터 시행한다. 다만, 제14조 및

제21조제3항의 개정규정은 이에 관한 체신부령이 시행되는 날로부터 시행한다.

②(벌칙적용에 관한 경과조치) 이 법 시행전의 행위에 대한 벌칙의 적용에 있어서는 종전의 규정에 의한다.

부칙 〈제4861호, 1995. 1. 5.〉 (물가안정에관한법률)

제1조 (시행일) 이 법은 공포후 3월이 경과한 날부터 시행한다.

제2조 및 제3조 생략

제4조 (다른 법률의 개정) ①내지 ③생략

④우편법중 다음과 같이 개정한다.

제19조중 "물가안정및공정거래에관한법률"을 "물가안정에관한법률" 한다.

⑤및 ⑥생략

제5조 생략

부칙 〈제5216호, 1996. 12. 30.〉 (우정사업운영에관한특례법)

①(시행일) 이 법은 1997년 1월 1일부터 시행한다.

②(다른 법률의 개정) 우편법중 다음과 같이 개정한다.

제19조의 제목 "(郵便料金 및 手數料의 決定)"을 "(郵便料金의 決定)"으로 하고, 동조중 "우편에 관한 요금 및 우편이용에 관한 수수료(이하 "料金등"이라 한다)는"을 "우편에 관한 요금은"로 한다.

제20조의 제목 "(料金등의 納付方法)"을 "(郵便料金 및 手數料의 납부방법)"으로 하고, 동조중 "요금등은"을 "우편에 관한 요금 및 우

편이용에 관한 수수료(이하 "料金등"이라 한다)는"으로 한다.

③생략

부칙 〈제5384호, 1997. 8. 28.〉

제1조 (시행일) 이 법은 1998년 1월 1일부터 시행한다.

제2조 (다른 법률의 폐지) 다음 각호의 법률은 이를 각각 폐지한다.

1. 우편물운송법
2. 군사우편법

제3조 (환부우편물 처리에 관한 경과조치) 이 법 시행전에 발생한 환부우편물의 처리에 있어서는 제32조 및 제36조의 개정규정에 불구하고 종전의 규정에 의하여 처리한다.

제4조 (손해배상에 관한 경과조치) 이 법 시행전에 발생한 우편물의 손해배상에 관하여는 제38조의 개정규정에 불구하고 종전의 규정에 의한다.

제5조 (벌칙 적용에 관한 경과조치) 이 법 시행전의 행위에 대한 벌칙의 적용에 있어서는 종전의 규정에 의한다.

부칙 〈제6196호, 2000. 1. 21.〉 (우정사업운영에관한특례법)

제1조 (시행일) 이 법은 2000년 7월 1일부터 시행한다.

제2조 및 제3조 생략

제4조 (다른 법률의 개정) ①우편법중 다음과 같이 개정한다.

제12조의3중 "체신청장"을 "그 소속기관의 장"으로 한다.

②생략

부칙 〈제7446호, 2005. 3. 31.〉

①(시행일) 이 법은 공포 후 1월이 경과한 날부터 시행한다.

②(손해배상에 관한 경과조치) 이 법 시행 전에 발생한 우편물의 손해배상에 관하여는 제38조제1항제1호의 개정규정에 불구하고 종전의 규정에 따른다.

부칙 〈제8288호, 2007. 1. 26.〉

이 법은 공포 후 3개월이 경과한 날부터 시행한다.

부칙 〈제8852호, 2008. 2. 29.〉 (정부조직법)

제1조 (시행일) 이 법은 공포한 날부터 시행한다. 다만, ···〈생략〉···, 부칙 제6조에 따라 개정되는 법률 중 이 법의 시행 전에 공포되었으나 시행일이 도래하지 아니한 법률을 개정한 부분은 각각 해당 법률의 시행일부터 시행한다.

제2조 부터 제5조까지 생략

제6조 (다른 법률의 개정) ① 부터 〈422〉 까지 생략

〈423〉 우편법 일부를 다음과 같이 개정한다.

제26조 중 "정보통신부"를 "지식경제부"로 한다.

제54조의2제8항 중 "정보통신부령"을 "지식경제부령"으로 한다.

제2조제1항 본문 및 단서·제4항 단서, 제3조의2제1항 각 호 외의 부분, 제3조의2제2항, 제6조, 제11조제2항, 제12조의2제1항·제2항, 제12조의3, 제14조제1항 각 호 외의 부분, 제15조제1항 각 호 외의 부분, 제16조제1항, 제17조제1항부터 제3항까지, 제19조,

제21조제1항, 제26조의2제1항, 제28조제2항 본문, 제38조제3항, 제43조 각 호 외의 부분 및 제54조의2제5항 · 제6항 중 "정보통신부장관"을 각각 "지식경제부장관"으로 한다.

제14조제2항, 제15조제2항, 제21조제2항 · 제3항, 제26조의2제2항, 제32조제1항 단서 및 제38조제2항 중 "정보통신부령"을 각각 "지식경제부령"으로 한다.

제38조제1항 각 호 외의 부분, 제44조, 제54조의2제2항 · 제3항 및 제4항 전단 중 "정보통신부장관"을 각각 "지식경제부장관"으로 한다.

〈424〉 부터 〈760〉 까지 생략

제7조 생략

부칙 〈제9240호, 2008. 12. 26.〉

이 법은 공포한 날부터 시행한다.

부칙 〈제9636호, 2009. 4. 22.〉 (궤도운송법)

제1조(시행일) 이 법은 공포 후 6개월이 경과한 날부터 시행한다.

제2조 부터 제6조까지 생략

제7조(다른 법률의 개정) ① 부터 ⑥ 까지 생략

⑦ 우편법 일부를 다음과 같이 개정한다.

제3조의2제1항제1호 중 "궤도와 삭도"를 "궤도"로 한다.

⑧ 부터 ⑪ 까지 생략

제8조 생략

부칙 〈제11116호, 2011. 12. 2.〉

제1조(시행일) 이 법은 「대한민국과 미합중국 간의 자유무역협정 및 대한민국과 미합중국 간의 자유무역협정에 관한 서한교환」이 발효되는 날부터 시행한다.

제2조(배상 및 보수 등의 단기소멸시효에 관한 경과조치) 이 법 시행 당시 이미 발생한 제4조의 조력에 대한 보수와 제5조의 통행에 따른 손실보상청구권으로서 종전의 규정에 따라 소멸시효가 완성하지 아니한 청구권에 대하여는 제43조제1호의 개정규정을 적용한다.

제3조(다른 법률의 개정) ① 공직선거법 일부를 다음과 같이 개정한다.

제272조제6항 중 "제50조(우편취급거부의 죄)·제51조(신서의 비밀침해의 죄)·제51조의2(비밀누설의 죄)"를 "제50조(우편취급 거부의 죄)·제51조(서신의 비밀침해의 죄)·제51조의2(비밀 누설의 죄)"로 하고, 같은 조 제7항 전단 중 "「우편법」 제28조(法規違反郵便物의 開披)의 규정"을 "「우편법」 제28조(법규 위반 우편물의 개봉)"로 하며, 같은 항 후단 중 "「우편법」 제48조(郵便物開披 毁損의 罪)"를 "「우편법」 제48조(우편물 개봉 훼손의 죄)"로 한다.

② 항공법 일부를 다음과 같이 개정한다.

제2조제38호 중 "「우편법」 제2조제2항"을 "「우편법」 제1조의2제7호"로 한다.

부칙 〈제11690호, 2013. 3. 23.〉 (정부조직법)

제1조(시행일) ① 이 법은 공포한 날부터 시행한다.

② 생략

제2조 부터 제5조까지 생략

제6조(다른 법률의 개정) ①부터 〈408〉까지 생략

〈409〉 우편법 일부를 다음과 같이 개정한다.

제2조제1항 본문 및 단서, 같은 조 제5항 단서, 제2조의2제1항·제2항, 같은 조 제3항 각 호 외의 부분, 제3조의2제1항 각 호 외의 부분, 같은 조 제2항, 제6조, 제12조의2제1항·제2항, 제12조의3, 제14조제1항·제3항, 제15조제1항, 제16조제1항, 제17조제1항부터 제3항까지, 제19조, 제21조제1항, 제26조의2제1항, 제28조제2항 본문, 제38조제1항 각 호 외의 부분, 같은 조 제3항, 제43조 각 호 외의 부분, 제44조 및 제54조의2제3항 중 "지식경제부장관"을 각각 "미래창조과학부장관"으로 한다.

제2조의2제1항·제2항, 제14조제3항, 제15조제3항, 제21조제2항·제3항, 제26조의2제2항, 제32조제1항 단서 및 제38조제2항 중 "지식경제부령"을 각각 "미래창조과학부령"으로 한다.

제26조제1호 중 "지식경제부"를 "미래창조과학부"로 한다.

〈410〉부터 〈710〉까지 생략

제7조 생략

부칙 〈제12724호, 2014. 6. 3.〉

제1조(시행일) 이 법은 공포 후 6개월이 경과한 날부터 시행한다.

제2조(환부거절 의사표시 우편물의 보관기간에 관한 적용례) 제36조제2항제1호의 개정규정은 이 법 시행 후 환부거절의 의사가 기재되어 우편관서에 접수된 우편물부터 적용한다.

제3조(휴업·폐업의 신고에 관한 적용례) 제45조의4의 개정규정은 이 법 시행 후 휴업하거나 폐업하는 서신송달업자부터 적용한다.
제4조(과태료에 관한 경과조치) 이 법 시행 전의 위반행위에 대하여 과태료를 적용할 때에는 종전의 규정에 따른다.

부칙 〈제13010호, 2015. 1. 20.〉
이 법은 공포 후 6개월이 경과한 날부터 시행한다.

부칙 〈제13584호, 2015. 12. 22.〉
이 법은 공포한 날부터 시행한다.

부칙 〈제14839호, 2017. 7. 26.〉 (정부조직법)
제1조(시행일) ① 이 법은 공포한 날부터 시행한다. 다만, 부칙 제5조에 따라 개정되는 법률 중 이 법 시행 전에 공포되었으나 시행일이 도래하지 아니한 법률을 개정한 부분은 각각 해당 법률의 시행일부터 시행한다.
제2조 부터 제4조까지 생략
제5조(다른 법률의 개정) ①부터 〈338〉까지 생략
〈339〉 우편법 일부를 다음과 같이 개정한다.
제2조제1항 본문 및 단서, 같은 조 제5항 단서, 제3조의2제1항 각 호 외의 부분, 같은 조 제2항, 제6조, 제12조의2제1항·제2항, 제12조의3, 제14조제1항·제3항, 제15조제1항, 제16조제1항, 제17조제1항부터 제3항까지, 제19조, 제21조제1항, 제26조의2제1항, 제

28조제2항 본문, 제31조의2제1항 본문, 제32조제3항, 제38조제1항 각 호 외의 부분, 같은 조 제3항, 제43조 각 호 외의 부분, 제44조, 제45조의2제1항 본문, 같은 조 제2항, 제45조의4, 제45조의5 각 호 외의 부분, 제45조의6제1항 각 호 외의 부분 본문, 제45조의7제1항 각 호 외의 부분, 같은 조 제2항, 같은 조 제3항 본문, 제45조의8 및 제54조의2제4항 중 "미래창조과학부장관"을 각각 "과학기술정보통신부장관"으로 한다.

제14조제3항, 제15조제3항, 제21조제2항 · 제3항, 제26조의2제2항, 제31조의2제1항 본문, 제32조제1항 단서, 같은 조 제3항, 제38조제2항, 제45조의2제2항부터 제4항까지, 제45조의4, 제45조의5 각 호 외의 부분, 제45조의6제2항 및 제45조의7제1항 각 호 외의 부분 중 "미래창조과학부령"을 각각 "과학기술정보통신부령"으로 한다.

제26조제1호 · 제2호 중 "미래창조과학부"를 "과학기술정보통신부"로 한다.

〈340〉부터 〈382〉까지 생략

제6조 생략

부칙 〈제15372호, 2018. 2. 21.〉

이 법은 공포 후 6개월이 경과한 날부터 시행한다.

부칙 〈제16753호, 2019. 12. 10.〉

이 법은 공포 후 6개월이 경과한 날부터 시행한다. 다만, 제10조의 개정규정은 공포한 날부터 시행한다.

부칙 〈제17347호, 2020. 6. 9.〉 (법률용어 정비를 위한 과학기술정보방송통신위원회 소관 32개 법률 일부개정을 위한 법률)

이 법은 공포한 날부터 시행한다.

부칙 〈제18476호, 2021. 10. 19.〉

이 법은 공포한 날부터 시행한다.

부칙 〈제18868호, 2022. 6. 10.〉

이 법은 공포 후 6개월이 경과한 날부터 시행한다.

부칙 〈제20063호, 2024. 1. 23.〉

제1조(시행일) 이 법은 공포 후 6개월이 경과한 날부터 시행한다.

제2조(대량 발송 우편물 반환 방식 전환에 대한 적용례) 제32조제1항제2호의 개정규정은 이 법 시행 이후 접수되는 우편물부터 적용한다.

우편법 시행령

[시행 2022. 12. 11.] [대통령령 제33013호, 2022. 12. 6., 일부개정]

**개정 예정 법률 밑줄 별도 표시.

우편법 시행령

[시행 2022. 12. 11.] [대통령령 제33013호, 2022. 12. 6., 일부개정]

제1조(목적) 이 영은 「우편법」에서 위임된 사항과 그 시행에 관하여 필요한 사항을 정함을 목적으로 한다. 〈개정 1997. 12. 15., 2005. 8. 19.〉

제2조 삭제 〈2007. 4. 20.〉

제3조(서신 제외 대상) 「우편법」(이하 "법"이라 한다) 제1조의2제7호 단서에서 "신문, 정기간행물, 서적, 상품안내서 등 대통령령으로 정하는 것"이란 다음 각 호의 어느 하나를 말한다. 〈개정 2018. 8. 21.〉

1. 「신문 등의 진흥에 관한 법률」 제2조제1호에 따른 신문
2. 「잡지 등 정기간행물의 진흥에 관한 법률」 제2조제1호가목에 따른 정기간행물
3. 다음 각 목의 요건을 모두 충족하는 서적
   가. 표지를 제외한 48쪽 이상인 책자의 형태로 인쇄·제본되었을 것
   나. 발행인·출판사나 인쇄소의 명칭 중 어느 하나가 표시되어 발행되었을 것
   다. 쪽수가 표시되어 발행되었을 것
4. 상품의 가격·기능·특성 등을 문자·사진·그림으로 인쇄한

16쪽 이상(표지를 포함한다)인 책자 형태의 상품안내서

5. 화물에 첨부하는 봉하지 아니한 첨부서류 또는 송장

6. 외국과 주고받는 국제서류

7. 국내에서 회사(「공공기관의 운영에 관한 법률」에 따른 공공기관을 포함한다)의 본점과 지점 간 또는 지점 상호 간에 주고받는 우편물로서 발송 후 12시간 이내에 배달이 요구되는 상업용 서류

8. 「여신전문금융업법」제2조제3호에 해당하는 신용카드

[전문개정 2011. 12. 2.]

제3조의2(기본통상우편요금) 법 제2조제3항에서 "대통령령으로 정하는 통상우편요금"이란 제12조에 따라 고시한 통상우편물요금 중 중량이 5그램 초과 25그램 이하인 규격우편물의 일반우편요금을 말한다. 〈개정 2018. 8. 21.〉

[본조신설 2011. 12. 2.]

제4조(우편업무의 위탁) ①과학기술정보통신부장관은 법 제2조제5항 단서에 따라 다음 각 호의 어느 하나에 해당하는 업무를 과학기술정보통신부령이 정하는 자에게 위탁한다. 〈개정 1998. 12. 31., 2007. 4. 20., 2008. 2. 29., 2010. 9. 1., 2011. 12. 2., 2013. 3. 23., 2017. 7. 26.〉

1. 우편이용자를 방문하여 우편물을 접수하는 업무

2. 교통이 불편한 지역 기타 우편물의 집배업무·운송업무 또는 발착업무(우편물을 구분 및 정리하는 업무를 말한다. 이하 같다)상 특히 필요하다고 인정하는 지역에서 우편물을 집배·운송 또는 발착하는 업무

3. 우표류(우표, 우편요금을 표시하는 증표와 우표책, 우편물의 특수취급에 필요한 봉투 및 국제반신우표권을 말한다. 이하 같다)를 조제하는 업무

4. 그 밖에 우편이용의 편의, 우편물의 원활한 송달 및 우편사업 운영의 효율을 제고하기 위하여 과학기술정보통신부령이 정하는 업무

②제1항제1호 및 제2호의 규정에 의한 우편물 방문접수업무와 집배업무를 위탁하는 때에는 과학기술정보통신부령이 정하는 바에 따라 당해 위탁업무를 행하는 지역을 구분하여 위탁방법을 달리 정할 수 있다. 〈개정 1998. 12. 31., 2008. 2. 29., 2013. 3. 23., 2017. 7. 26.〉

③과학기술정보통신부장관은 제1항의 규정에 의하여 업무를 위탁받은 자(이하 "수탁자"라 한다)에 대하여 수수료 및 당해 업무의 수행에 직접 소요되는 경비를 지급할 수 있다. 〈개정 2008. 2. 29., 2013. 3. 23., 2017. 7. 26.〉

④수탁자가 위탁받은 업무의 처리와 수탁자에게 지급하는 수수료 및 경비의 지급 등에 관하여 필요한 사항은 과학기술정보통신부령으로 정한다. 〈개정 2008. 2. 29., 2013. 3. 23., 2017. 7. 26.〉

⑤ 법 제2조제6항제1호 각 목 외의 부분에서 "대통령령으로 정하는 기간"이란 다음 각 호의 기간을 말한다. 〈신설 2022. 12. 6.〉

1. 「특정강력범죄의 처벌에 관한 특례법」 제2조제1항 각 호에 따른 죄: 20년

2. 「특정범죄 가중처벌 등에 관한 법률」 제5조의2, 제5조의4, 제

5조의5, 제5조의9(제4항은 제외한다) 및 제11조에 따른 죄: 20년

3. 「특정범죄 가중처벌 등에 관한 법률」 제5조의9제4항에 따른 죄: 6년

4. 「마약류 관리에 관한 법률」 제58조부터 제60조까지의 규정에 따른 죄: 20년

5. 「마약류 관리에 관한 법률」 제61조제1항 각 호에 따른 죄 및 같은 조 제3항에 따른 그 각 미수죄(같은 조 제1항제2호, 제3호 및 제9호의 미수범은 제외한다): 10년

6. 「마약류 관리에 관한 법률」 제61조제2항에 따른 죄 및 같은 조 제3항에 따른 그 각 미수죄(같은 조 제1항제2호, 제3호 및 제9호의 미수범은 제외한다): 15년

7. 「마약류 관리에 관한 법률」 제62조제1항 각 호에 따른 죄 및 같은 조 제3항에 따른 그 각 미수죄: 6년

8. 「마약류 관리에 관한 법률」 제62조제2항에 따른 죄 및 같은 조 제3항에 따른 그 각 미수죄: 9년

9. 「마약류 관리에 관한 법률」 제63조제1항 각 호에 따른 죄 및 같은 조 제3항에 따른 그 각 미수죄(같은 조 제1항제2호부터 제5호까지, 제11호 및 제12호에 따른 죄의 미수범에 한정한다): 4년

10. 「마약류 관리에 관한 법률」 제63조제2항에 따른 죄 및 같은 조 제3항에 따른 그 각 미수죄(같은 조 제2항에 따른 죄의 미수범에 한정한다): 6년

11. 「마약류 관리에 관한 법률」 제64조 각 호에 따른 죄: 2년

12. 「성폭력범죄의 처벌 등에 관한 특례법」 제2조제1항제2호부터

제4호까지, 제3조부터 제9조까지 및 제15조(제14조의 미수범은 제외한다)에 따른 죄: 20년

13. 「아동·청소년의 성보호에 관한 법률」 제2조제2호에 따른 죄: 20년

[전문개정 1997. 12. 15.]

제4조의2(우편물의 운송요구등) ①과학기술정보통신부장관이 법 제3조의2제1항의 규정에 의하여 우편물의 운송을 요구할 때에는 다음 각호의 사항을 기재한 우편물 운송요구서를 운송개시 5일전까지 운송을 하는 자에게 교부하여야 한다. 다만, 천재·지변 기타 특히 긴급을 요하는 경우에는 즉시 이를 요구할 수 있다. 〈개정 2008. 2. 29., 2013. 3. 23., 2017. 7. 26.〉

1. 운송구간 및 운송횟수
2. 출발 및 도착일시
3. 우편물의 수량 또는 중량
4. 우편물의 인수인계 장소 및 방법
5. 운송료 및 그 지급방법
6. 우편물 운송도중 우편물의 망실 또는 훼손시 국가에 대하여 지불하여야 하는 손해배상 금액
7. 기타 우편물의 신속하고 안전한 운송을 위하여 필요한 사항

②법 제3조의2제2항의 규정에 의하여 보상하여야 할 금액은 당해 운송구간에 적용되고 있는 운송요금 등이 고려되어야 한다.

[전문개정 1997. 12. 15.]

제5조(우편구 및 우편번호의 지정) ①과학기술정보통신부장관은 우

편물의 배달지역을 구분하는 우편구 및 우편번호를 정할 수 있다. 〈개정 1990. 8. 8., 1997. 12. 15., 2008. 2. 29., 2013. 3. 23., 2017. 7. 26.〉

②과학기술정보통신부장관은 제1항의 규정에 의한 우편구와 우편구별 우편번호를 정한 때에는 미리 고시하여야 한다. 이를 변경한 때에도 또한 같다. 〈개정 1997. 12. 15., 2008. 2. 29., 2013. 3. 23., 2017. 7. 26.〉

제6조(우편물의 외부기재사항) ①우편물의 외부에는 발송인 및 수취인의 성명·주소와 우편번호를 기재하여야 한다. 다만, 취급과정을 기록하는 우편물(이하 “등기우편물”이라 한다)을 제외한 우편물은 수취인의 성명을 생략할 수 있다. 〈개정 2010. 9. 1.〉

②제1항의 규정에 의한 기재사항외에 필요한 기재사항은 과학기술정보통신부령으로 정한다. 〈개정 1997. 12. 15., 2008. 2. 29., 2013. 3. 23., 2017. 7. 26.〉

제7조(우편업무의 시험적 실시) 과학기술정보통신부장관은 우편업무에 관한 새로운 제도(제도의 변경을 포함한다)를 시험적으로 실시할 수 있다. 〈개정 1997. 12. 15., 2008. 2. 29., 2013. 3. 23., 2017. 7. 26.〉

제7조의2(수탁취급) 과학기술정보통신부장관은 국민의 편의를 위하여 필요한 경우에는 다른 국가기관·지방자치단체 또는 「공공기관의 운영에 관한 법률」에 따른 공공기관 등의 업무중 우편역무의 방법으로 취급할 수 있는 업무를 수탁할 수 있다. 〈개정 1997. 12. 15., 2008. 2. 29., 2010. 9. 1., 2013. 3. 23., 2017. 7. 26.〉

[본조신설 1990. 8. 8.]

제8조(보수 및 손실보상) 법 제4조제1항의 규정에 의한 운송원등의 조력자에 대한 보수와 법 제5조의 규정에 의한 운송원등의 통행에 따른 손실보상에 관한 사항은 과학기술정보통신부령으로 정한다. 〈개정 1997. 12. 15., 2008. 2. 29., 2013. 3. 23., 2017. 7. 26.〉

제8조의2(이용 제한 및 업무 정지 등) ① 과학기술정보통신부장관은 법 제6조제1항에 따른 전시·사변이나 이에 준하는 국가 비상사태와 천재지변이나 그 밖의 부득이한 사유(이하 "비상사태등"이라 한다)가 있을 경우 안전사고 등이 발생할 우려가 높은 정도에 따라 집배구를 1급지부터 3급지까지 구분하여 위험등급을 지정할 수 있다.

② 과학기술정보통신부장관은 비상사태등이 발생할 경우 다음 각 호의 구분에 따라 우편업무를 정지하거나 이에 수반되는 우편물의 이용을 제한할 수 있으며, 해당 집배구의 상황을 고려하여 순차적으로 이를 해제할 수 있다.

1. 1급지 및 발생한 비상사태등의 정도가 심각하다고 인정되는 2급지: 모든 집배업무 및 과학기술정보통신부장관이 정하여 고시하는 업무

2. 2급지(제1호에 따른 2급지는 제외한다) 및 3급지: 과학기술정보통신부장관이 정하여 고시하는 범위의 집배업무 및 과학기술정보통신부장관이 정하여 고시하는 업무

③ 제1항에 따른 위험등급의 구분기준, 제2항제1호에 따른 비상사태등의 심각성 인정기준, 제1항 및 제2항에서 규정한 사항 외에

우편물의 이용 제한과 우편업무의 일부 정지에 필요한 사항은 과학기술정보통신부장관이 정하여 고시한다.

[본조신설 2018. 8. 21.]

제9조(우편작업 효율화를 위한 지원대상 등) ①법 제12조의2제1항의 규정에 의한 우편작업이나 이용에 관련되는 자 등은 다음 각 호의 어느 하나에 해당하는 자를 말한다. 〈개정 2008. 2. 29., 2013. 3. 23., 2017. 7. 26., 2018. 8. 21.〉

1. 제4조제1항의 규정에 의하여 업무를 위탁받은 자
2. 제4조의2제1항의 규정에 의하여 우편물을 운송하는 자
3. 우편물의 발송 또는 제작 등을 대행하는 자
4. 우편물의 처리를 위한 관련 기기·장비 및 용기 등을 제조·판매하는 자
5. 우편관련 장비 및 기술개발을 담당하는 자
6. 우편에 사용되는 용품 등을 제조·판매하는 자
7. 기타 우편작업의 효율을 높이고 우편이용자의 편의를 도모하기 위하여 과학기술정보통신부장관이 필요하다고 인정하는 자

②제1항의 규정에 해당하는 자에 대하여는 다음 각호의 지원을 할 수 있다. 〈개정 2008. 2. 29., 2013. 3. 23., 2017. 7. 26.〉

1. 우편작업 관련기기·장비의 성능향상 및 기능개선을 위한 기술지원
2. 우편기술 개발을 위한 연구비 지원 및 기술정보의 제공
3. 우편물 처리 관련장비 및 용기 등의 대여
4. 기타 우편작업 효율화를 위하여 과학기술정보통신부장관이 필

요하다고 인정하는 사항

[전문개정 1997. 12. 15.]

제9조의2(권한의 위임) ①과학기술정보통신부장관은 법 제12조의3에 따라 다음 각 호의 권한을 우정사업본부장에게 위임한다. <개정 2008. 2. 29., 2011. 12. 2., 2013. 3. 23., 2014. 11. 11., 2017. 5. 8., 2017. 7. 26., 2018. 8. 21., 2020. 9. 8., 2022. 12. 6.>

1. 법 제2조제5항 단서에 따른 우편업무의 위탁

1의2. 법 제2조제7항에 따른 범죄경력자료의 조회 요청

2. 법 제3조의2에 따른 우편물의 운송 명령(제2항제1호의 업무는 제외한다)

3. 법 제6조에 따른 우편물이용의 제한 및 우편업무의 일부정지

4. 법 제12조의2에 따른 우편작업 효율화를 위한 지원 등

5. 법 제14조에 따른 보편적 우편역무의 제공

6. 법 제15조에 따른 선택적 우편역무의 제공

6의2. 법 제15조의2에 따른 우편업무의 전자화에 관한 업무

7. 법 제16조제1항에 따른 군사우편역무의 제공

8. 법 제17조에 따른 우편금지물품의 결정(변경결정을 포함한다. 이하 같다)ㆍ고시, 우편물의 취급용적ㆍ중량ㆍ포장의 결정ㆍ고시 및 우편역무의 제공거절ㆍ제한

9. 법 제21조제1항에 따른 우표와 우편요금을 표시하는 증표의 발행

10. 법 제26조의2제1항에 따른 우편물 요금등의 감액

11. 법 제28조제2항 본문에 따른 우편관서의 지정

11의2. 법 제31조의2에 따른 우편물의 전송

12. 법 제38조제3항에 따른 국제우편물에 관한 손해배상액의 결정 및 고시

13. 법 제43조에 따른 우편관서의 지정

14. 삭제 〈2005. 8. 19.〉

15. 제5조에 따른 우편번호의 결정 · 고시

16. 제7조에 따른 우편업무에 관한 새로운 제도(제도의 변경을 포함한다)의 시험적 실시

17. 제7조의2에 따른 업무수탁

18. 제9조제1항제7호 및 같은 조 제2항제4호에 따라 우편작업의 효율화를 위한 지원대상자 및 지원사항 인정

19. 제10조의3제1항에 따른 군사우편 요금수납

20. 제10조의5에 따른 해외특수지역 군사우편에 관한 업무

21. 제13조제1항 전단에 따른 우표류의 발행 · 판매에 관한 공고

22. 제25조제2항에 따른 우편요금등을 따로 납부할 수 있는 우편물의 종류 · 수량 및 취급우편관서 그 밖에 필요한 사항의 결정 · 고시

23. 제33조제2항에 따른 수취인으로부터의 우편요금등을 징수하고 우편물을 배달할 수 있는 경우의 인정

24. 다음 각 목의 사항의 결정 · 고시

가. 제42조제3항제1호에 따라 무인우편물보관함 또는 전자 잠금장치가 설치된 우편수취함에서 제공하는 배달확인이 가능한 증명자료로 수령사실의 확인을 갈음할 수 있는 등기우편물에서 제외되는

우편물

나. 제42조제3항제2호 후단에 따른 등기우편물의 배달방법, 증명자료 및 적용기간 등

24의2. 제42조제4항에 따른 등기우편물로서 소포우편물의 수령사실 확인방법의 결정 · 고시

25. 제43조제3호의2에 따른 무인우편물보관함에서 우편물을 교부하는 경우의 본인확인방법, 수취인에 대한 통지방법 및 보관기간 등의 결정 · 고시

26. 제43조제10호에 따른 수취인이 우편물의 표면에 기재된 곳 외의 곳으로 배달을 청구할 수 있는 우편물의 결정 · 고시

27. 제43조제4호에 따른 우편물배달 특례지역의 인정

②과학기술정보통신부장관은 법 제12조의3에 따라 다음 각 호의 권한을 지방우정청장에게 위임한다. 〈개정 2005. 8. 19., 2008. 2. 29., 2011. 5. 30., 2013. 3. 23., 2014. 11. 11., 2017. 7. 26.〉

1. 법 제3조의2에 따른 우편물의 운송 명령 중 국내우편물의 관내운송 명령

1의2. 삭제 〈2014. 11. 11.〉

2. 법 제45조의2에 따른 서신송달업의 신고 및 변경신고 수리

3. 법 제45조의4에 따른 서신송달업의 휴업 · 폐업 및 재개업 신고 수리

4. 법 제45조의5에 따른 서신송달업자에 대한 사업개선 명령

5. 법 제45조의6에 따른 서신송달업자에 대한 영업소 폐쇄 및 사업정지 명령

6. 법 제45조의7에 따른 서신송달업자 또는 서신송달을 위탁한 자의 보고 및 조사 등

7. 법 제45조의8에 따른 서신송달업자의 청문

8. 법 제54조의2에 따른 과태료의 부과·징수

9. 제5조에 따른 우편구의 지정·고시(변경하는 경우를 포함한다)

[전문개정 2000. 11. 9.]

제9조의3(우편업무의 전자화) ① 과학기술정보통신부장관은 법 제15조의2제1항에 따른 전자화대상문서(이하 "전자화대상문서"라 한다)를 정보처리시스템이 처리할 수 있는 형태로 변환하여 처리하려는 경우에는 다음 각 호의 장치 또는 시설을 모두 갖추어야 한다.

1. 법 제15조의2제2항에 따른 전자화문서(이하 "전자화문서"라 한다)를 작성하는 데 사용되는 스캐너 등의 장치

2. 법 제15조의2제4항에 따른 전자우편서류관리시스템(이하 "전자우편서류관리시스템"이라 한다)

3. 보안시설

② 과학기술정보통신부장관은 제1항제1호에 따른 스캐너 등의 장치를 이용하여 전자화문서를 작성하여야 하며, 작성된 전자화문서가 전자화대상문서와 동일성이 확보되도록 기술적 조치를 하여 전자우편서류관리시스템에 보관하여야 한다.

③ 과학기술정보통신부장관은 전자화문서를 출력한 문서가 전자우편서류관리시스템에 보관하고 있는 전자화문서와 동일한지 여부에 대하여 발송인, 수취인 등이 확인을 요청한 경우에는 그 동일성을 확인하여 주어야 한다.

④ 과학기술정보통신부장관은 전자우편서류관리시스템에 보관하는 전자화문서의 유출·훼손·위조·변조 등을 방지하기 위하여 접근 권한자 지정, 방화벽 설치 및 암호화 소프트웨어의 활용 등 관리적·기술적 조치를 하여야 한다.

⑤ 제1항부터 제4항까지에서 규정한 사항 외에 우편업무의 전자화에 필요한 사항은 과학기술정보통신부장관이 정한다.

[본조신설 2018. 8. 21.]

제10조(고유식별정보의 처리) 과학기술정보통신부장관(제9조의2에 따라 과학기술정보통신부장관의 권한을 위임받은 자를 포함한다)은 법 제2조제5항 단서에 따른 우편업무의 위탁에 관한 사무를 수행하기 위하여 불가피한 경우 「개인정보 보호법 시행령」 제19조제1호에 따른 주민등록번호가 포함된 자료를 처리할 수 있다. 〈개정 2017. 7. 26.〉

[본조신설 2014. 8. 6.]

제10조의2(군사우편물) ①법 제16조제2항의 규정에 의한 군사우편물이라 함은 다음 각호의 우편물을 말한다.

1. 국방부장관이 지정하는 지역에 있는 부대(기관을 포함한다. 이하 같다) 및 그 부대에 속하는 군인·군무원이 발송하는 통상우편물

2. 제1호의 부대에 입영한 자의 소지품 및 의류 등을 발송하는 소포우편물

②군사우편물을 발송하는 자는 군사우편물 표면에 "군사우편"이라 표시하여야 한다.

[본조신설 1997. 12. 15.]

제10조의3(군사우편 요금납부) ①군사우편물의 요금은 발송인이 납부하지 아니하고 국방부장관이 과학기술정보통신부장관에게 분기별로 납부한다. 〈개정 2008. 2. 29., 2013. 3. 23., 2017. 7. 26.〉

②제1항의 납부액은 국방부소관 세출예산과 우편사업특별회계 세입예산간에 대체납입할 수 있다. 〈개정 2006. 12. 21., 2014. 11. 11.〉

[본조신설 1997. 12. 15.]

제10조의4(군사우편업무 수행에 필요한 편의제공 등) 국방부장관은 법 제16조제4항에 따라 다음 각 호의 편의를 제공한다.

1. 전시작전지역에 있는 군사우체국에 근무하는 직원에 대한 의복대여 및 급식제공. 이 경우 급식비는 제10조의3제1항에 따라 납부하는 요금에서 이를 공제한다.

2. 전시작전지역 안에서 공무수행 중 부상을 입은 군사우체국 근무 직원에 대한 우선 응급치료 및 후방 요양기관에의 후송입원

3. 군사우체국에 근무하는 직원에 대한 종군확인증 발급

[전문개정 2021. 1. 5.]

제10조의5(해외특수지 군사우편) 해외특수지역에 주둔하는 부대 및 그 부대에 속하는 군인·군무원에 대한 군사우편에 대하여는 과학기술정보통신부장관이 국방부장관과 협의하여 정한다. 〈개정 2008. 2. 29., 2013. 3. 23., 2017. 7. 26.〉

[본조신설 1997. 12. 15.]

제11조(우편역무 등의 이용에 따른 수수료) 우편이용자는 다음 각 호의 경우에는 수수료를 납부하여야 한다. 〈개정 2005. 8. 19.,

2010. 9. 1., 2011. 12. 2., 2017. 5. 8.〉

1. 법 제14조제2항제3호에 따른 보편적 우편역무와 법 제15조제2항에 따른 선택적 우편역무의 이용

2. 법 제32조제1항에 따른 반환우편물 중 등기우편물의 반환

3. 제29조제1항의 규정에 의한 수취인 부담 우편물의 취급

4. 제36조의2에 따른 수취인과 수취인 주소변경 또는 우편물 반환의 청구

5. 제38조제1항의 규정에 의한 사설우체통의 설치 · 이용

6. 제43조제10호에 따른 우편물 배달의 청구

[전문개정 1997. 12. 15.]

[제목개정 2011. 12. 2.]

제12조(우편요금등의 고시) 과학기술정보통신부장관은 법 제19조의 규정에 의한 우편에 관한 요금 및 우편이용에 관한 수수료(이하 "우편요금등"이라 한다)를 고시하여야 한다. 〈개정 1997. 12. 15., 2008. 2. 29., 2013. 3. 23., 2017. 7. 26.〉

제13조(우표류의 발행) ①과학기술정보통신부장관은 법 제21조제1항 및 제2항의 규정에 의하여 우표와 우편요금을 표시하는 증표를 발행하여 판매할 때에는 그 종류 · 액면 · 형식 · 판매기일 및 판매장소등을 그때마다 공고하여야 한다. 이 경우 우편요금표시인영이 인쇄된 봉투는 그 발행에 소요되는 비용을 우편요금과 합산한 금액으로 판매한다. 〈개정 1997. 12. 15., 2008. 2. 29., 2013. 3. 23., 2017. 7. 26.〉

② 삭제 〈1997. 12. 15.〉

제14조 삭제 〈1997. 12. 15.〉

제15조 삭제 〈1997. 12. 15.〉

제15조의2 삭제 〈1997. 12. 15.〉

제16조 삭제 〈1997. 12. 15.〉

제17조 삭제 〈1997. 12. 15.〉

제18조 삭제 〈1997. 12. 15.〉

제19조 삭제 〈1997. 12. 15.〉

제20조 삭제 〈1997. 12. 15.〉

제21조 삭제 〈1997. 12. 15.〉

제22조 삭제 〈1997. 12. 15.〉

제23조 삭제 〈2005. 8. 19.〉

제24조 삭제 〈1997. 12. 15.〉

제25조(우편요금등의 별납) ①동일인이 동시에 우편물의 종류와 우편요금등이 동일한 우편물을 다량으로 발송할 때에는 그 우편요금등을 따로 납부할 수 있다.

② 제1항에 따라 우편요금등을 따로 납부할 수 있는 우편물의 종류 · 수량 및 취급우편관서, 그 밖에 필요한 사항은 과학기술정보통신부장관이 정하여 고시한다. 〈개정 2017. 5. 8., 2017. 7. 26.〉

제26조(우편요금표시기를 사용한 우편물 발송) ①우편물 발송인은 우표를 부착하지 아니하고 우편요금 납부표시 인영을 인쇄하는 표시기(이하 "우편요금표시기"라 한다)를 사용하여 우편물을 발송할 수 있다. 〈개정 2018. 8. 21.〉

②제1항의 규정에 의한 우편요금표시기의 사용 및 취급에 관하여

필요한 사항은 과학기술정보통신부령으로 정한다. 〈개정 2008. 2. 29., 2013. 3. 23., 2017. 7. 26., 2018. 8. 21.〉

[전문개정 1997. 12. 15.]

[제목개정 2018. 8. 21.]

第27조 삭제 〈1997. 12. 15.〉

第28조(우편관서에 설치된 우편요금표시기의 이용) 우편물의 발송우편관서의 장은 해당 우편관서에 설치된 우편요금표시기에 의하여 그 우편요금을 납부하게 할 수 있다. 〈개정 1997. 12. 15., 2018. 8. 21.〉

[제목개정 2018. 8. 21.]

第29조(우편요금등의 수취인 부담) ①다음 각 호의 어느 하나에 해당하는 우편물은 우편요금등을 수취인의 부담으로 발송할 수 있다. 〈개정 2005. 8. 19., 2010. 9. 1.〉

1. 우편물을 다량으로 수취하는 자가 자기부담으로 수취하기 위하여 발송하는 통상우편물

2. 우편요금등을 수취인이 지불하는 것에 대하여 발송인이 수취인의 승낙을 얻은 등기우편물. 다만, 통상우편물은 우편관서의 장과 발송인 간에 별도의 계약을 체결한 경우로 한정한다.

②제1항의 규정에 의한 우편요금등은 수취인이 우편물을 받을 때에 납부한다. 다만, 제30조의 규정에 의하여 우편요금등을 후납하는 때에는 그러하지 아니하다. 〈개정 2005. 8. 19.〉

③제1항제2호 본문에 따른 우편물의 우편요금등을 수취인이 납부하지 아니하는 때에는 발송인에게 그 우편물을 반환한다. 이 경우

발송인은 우편요금등 및 반환 수수료를 납부하여야 한다. 〈신설 2005. 8. 19., 2010. 9. 1., 2017. 5. 8.〉

④제1항의 규정에 의한 우편요금등의 수취인 부담 우편물의 취급에 관하여 필요한 사항은 과학기술정보통신부령으로 정한다. 〈개정 2005. 8. 19., 2008. 2. 29., 2013. 3. 23., 2017. 7. 26.〉

[전문개정 1997. 12. 15.]

[제목개정 2005. 8. 19.]

제30조(우편요금등의 후납) 우편물 발송인은 과학기술정보통신부령이 정하는 우편물의 우편요금등을 발송시에 납부하지 아니하고 일정기간이내에 후납할 수 있다. 〈개정 2008. 2. 29., 2013. 3. 23., 2017. 7. 26.〉

[전문개정 1997. 12. 15.]

제31조 삭제 〈1997. 12. 15.〉

제32조 삭제 〈1997. 12. 15.〉

제33조(우편요금등의 미납 또는 부족한 우편물) ①우편요금등을 미납하거나 부족하게 납부한 우편물은 이를 발송인에게 되돌려 준다. 〈개정 2017. 5. 8.〉

②제1항의 경우에 발송인의 성명 또는 주소의 불명 기타 사유로 인하여 우편물을 되돌려 줄 수 없거나 해외체류자 또는 해외여행자가 귀국하는 인편을 통하여 국내에서 발송한 경우 기타 과학기술정보통신부장관이 필요하다고 인정하는 경우에는 미납하거나 부족하게 납부한 우편요금등과 동액의 부가금을 합하여 수취인으로부터 징수하고 이를 배달할 수 있다. 〈개정 1997. 12. 15., 2008. 2. 29.,

2013. 3. 23., 2017. 5. 8., 2017. 7. 26.〉

③우편요금등의 미납 또는 부족이 우편관서의 과실로 인한 때에는 그 미납 또는 부족한 우편요금등을 징수하지 아니한다.

제34조(연체료) ① 우편요금등의 납부의무자가 우편요금등을 납부기한까지 완납하지 아니하였을 때에는 법 제24조제2항에 따라 체납된 우편요금등의 100분의 3에 상당하는 연체료를 가산하여 징수하며, 납부기한이 지난 날부터 매 1개월이 지날 때마다 체납된 우편요금등의 1천분의 12에 상당하는 연체료를 추가로 가산하여 징수한다.

② 제1항에도 불구하고 체납된 우편요금등이 100만원 미만인 경우에는 체납기간에 관계없이 체납된 우편요금등의 100분의 3에 상당하는 연체료를 징수하며, 납부의무자가 주한외국공관이나 주한국제연합기관인 경우에는 연체료를 징수하지 아니한다.

③ 제1항에 따라 연체료를 추가로 가산하여 징수하는 기간은 60개월을 초과하지 못한다.

[전문개정 2018. 8. 21.]

제35조(우편요금등의 반환) ①법 제25조의 규정에 의하여 납부인의 청구에 따라 되돌려 주는 우편요금등은 다음 각 호와 같다. 〈개정 1997. 12. 15., 2010. 9. 1., 2017. 5. 8.〉

1. 우편관서의 과실로 인하여 과다징수한 우편요금등

2. 우편관서에서 우편물의 특수취급의 수수료를 받은 후 우편관서의 과실로 인하여 특수취급을 하지 아니한 경우 그 특수취급수수료

3. 사설우체통의 사용을 폐지하거나 사용을 폐지시킨 경우 그 폐지한 다음날부터의 납부수수료 잔액

4. 납부인이 우편물을 접수한 후 우편관서에서 발송이 완료되지 아니한 우편물의 접수를 취소한 경우

②제1항의 규정에 의한 우편요금등의 반환청구는 다음 각 호의 기간내에 납부한 우편관서에 청구하여야 한다. 〈개정 2017. 5. 8.〉

1. 제1항제1호 및 제2호의 경우에는 납부일로부터 60일

2. 제1항제3호의 경우에 폐지 또는 취소한 날로부터 30일

[제목개정 2017. 5. 8.]

제36조 삭제 〈2014. 11. 11.〉

제36조의2(우편물 주소 등의 변경 및 반환청구) 우편물 발송인은 우편관서에서 우편물을 배달하기 전 또는 제43조제6호 및 제7호의 규정에 의하여 배달우편관서의 창구에서 수취인에게 우편물을 교부하기 전에 한하여 수취인과 수취인 주소의 변경 또는 우편물의 반환을 우편관서에 청구할 수 있다. 이 경우 당해 우편관서의 장은 업무상 지장이 큰 것으로 판단하는 때에는 이에 응하지 아니할 수 있다. 〈개정 2017. 5. 8.〉

[본조신설 1997. 12. 15.]

[제목개정 2017. 5. 8.]

제36조의3(열어보지 아니하고 되돌려 보내는 우편물의 범위) 법 제28조제2항 단서에서 "대통령령이 정하는 봉함한 우편물"이라 함은 서신, 통화가 들어 있는 봉함한 통상우편물을 말한다. 〈개정 2011. 12. 2.〉

[본조신설 2007. 4. 20.]

[제목개정 2017. 5. 8.]

第37조 삭제 〈1997. 12. 15.〉

第38조(사설우체통의 설치·이용) ①우편물 발송인은 자기부담으로 설치한 사설우체통을 이용하여 우편물을 발송할 수 있다.

②제1항의 규정에 의한 사설우체통의 설치 및 이용에 관하여 필요한 사항은 사설우체통을 설치한 자와 당해 우체통의 우편물을 수집하는 우체국장간의 계약으로 정한다. 〈개정 1998. 12. 31.〉

[전문개정 1997. 12. 15.]

第39조 삭제 〈1997. 12. 15.〉

第40조 삭제 〈1997. 12. 15.〉

第41조 삭제 〈1997. 12. 15.〉

第42조(우편물의 배달) ①법 제31조 본문의 규정에 의하여 우편물은 관할 배달우편관서에서 그 우편물의 표면에 기재된 곳에 배달한다. 이 경우 2인이상을 수취인으로 정한 우편물은 그중 1인에게 배달한다. 〈개정 1997. 12. 15.〉

②우편사서함(이하 "사서함"이라 한다) 번호를 기재한 우편물은 당해 사서함에 배달한다.

③등기우편물은 수취인·동거인(동일 직장에서 근무하는 자를 포함한다) 또는 제43조제1호 및 제5호에 따른 수령인으로부터 그 수령사실의 확인을 받고 배달해야 한다. 다만, 다음 각 호의 어느 하나에 해당하는 경우에는 해당 증명자료로 그 수령사실의 확인을 갈음할 수 있다. 〈개정 1994. 7. 23., 1997. 12. 15., 2010. 9. 1., 2013. 3. 23., 2017. 5. 8., 2017. 7. 26., 2018. 8. 21., 2020. 9. 8.〉

1. 등기우편물(법원의 송달서류, 현금, 유가증권 등을 발송하는 우편물로서 과학기술정보통신부장관이 정하여 고시하는 우편물은 제외한다. 이하 제2호 및 제43조제8호에서 같다)을 제43조제8호에 따라 무인우편물보관함(대면 접촉 없이 우편물을 수령하는 장치를 말한다. 이하 같다)에 배달하거나 전자 잠금장치가 설치된 우편수취함에 배달하고 해당 무인우편물보관함 또는 우편수취함에서 배달확인이 가능한 증명자료를 제공하는 경우

2. 「감염병의 예방 및 관리에 관한 법률」에 따른 감염병 확산으로 인해 「재난 및 안전관리 기본법」 제60조에 따른 특별재난지역으로 선포된 지역에서 감염병 확산 방지 및 예방을 위해 등기우편물을 대면 접촉 없이 우편수취함(무인우편물보관함 및 전자 잠금장치가 설치된 우편수취함은 제외한다)에 배달하고 배달안내문, 배달사진, 전화, 이메일 등에 의하여 배달확인이 가능한 증명자료를 제공하는 경우. 이 경우 구체적인 배달방법, 증명자료 및 적용기간 등은 과학기술정보통신부장관이 정하여 고시한다.

④ 등기우편물로서 소포우편물을 배달하는 경우에는 제3항에도 불구하고 과학기술정보통신부장관이 수령사실의 확인방법을 달리 정하여 고시할 수 있다. 〈신설 2018. 8. 21.〉

제43조(우편물 배달의 특례) 법 제31조 단서에 따라 우편물을 해당 우편물의 표면에 기재된 곳 외의 곳에 배달할 수 있는 경우는 다음 각 호와 같다. 〈개정 1994. 7. 23., 1997. 12. 15., 2008. 2. 29., 2008. 12. 31., 2010. 9. 1., 2013. 3. 23., 2015. 6. 9., 2017. 5. 8., 2017. 7. 26., 2018. 8. 21.〉

1. 동일건축물 또는 동일구내의 수취인에게 배달할 우편물로서 그 건축물 또는 구내의 관리사무소, 접수처 또는 관리인에게 배달하는 경우

2. 사서함을 사용하고 있는 수취인에게 배달할 우편물로서 사서함 번호를 기재하지 아니한 것을 그 사서함에 배달하는 경우

3. 우편물을 배달하지 아니하는 날에 수취인의 청구에 의하여 배달우편관서 창구에서 우편물을 교부하는 경우

3의2. 수취인의 일시부재나 그 밖의 사유로 우편물을 배달하지 못하여 배달우편관서 창구 또는 무인우편물보관함(과학기술정보통신부장관이 본인확인방법, 수취인에 대한 통지방법, 보관기간 등을 정하여 고시하는 기준에 적합한 무인우편물보관함을 말한다)에서 우편물을 교부하는 경우

4. 교통이 불편한 도서지역이나 농어촌지역 또는 과학기술정보통신부장관이 필요하다고 인정하는 지역으로 배달할 우편물을 과학기술정보통신부령이 정하는 바에 의하여 개별 또는 공동수취함을 설치하고 그 수취함에 배달하는 경우

5. 수취인이 동일 집배구(우편집배원이 우편물을 수집하고 배달하는 구역을 말한다. 이하 같다)에 거주하는 자를 대리수령인으로 지정하여 배달우편관서에 신고한 경우에는 그 대리수령인에게 등기우편물을 배달하는 경우

6. 우편물에 "우체국보관" 표시가 있는 것으로서 과학기술정보통신부령이 정하는 바에 의하여 당해 배달우편관서 창구에서 수취인에게 교부하는 경우

7. 교통이 불편하여 통상의 방법으로 우편물 배달이 어려운 지역에 배달할 우편물로서 과학기술정보통신부령이 정하는 바에 의하여 당해 배달우편관서 창구에서 수취인에게 교부하는 경우

8. 무인우편물보관함을 이용하는 수취인의 신청 또는 동의를 받아 그 수취인과 동일 집배구에 있는 무인우편물보관함에 등기우편물을 배달하는 경우

9. 법 제31조의2에 따라 수취인이 주거이전을 신고한 경우로서 우편물을 수취인이 신고한 곳으로 전송하는 경우

10. 수취인이 과학기술정보통신부장관이 정하여 고시하는 우편물에 대하여 우편물의 표면에 기재된 곳 외의 곳으로 배달을 청구하는 경우

[제목개정 2015. 6. 9.]

제44조(우편물의 전송 수수료) 법 제31조의2제2항에 따른 우편물의 전송 수수료는 우편물을 수취인이 주거를 이전한 곳으로 전송하는 거리에 따라 소요되는 비용 등을 고려하여 과학기술정보통신부장관이 정하여 고시한다. 〈개정 2017. 7. 26.〉

[본조신설 2015. 6. 9.]

제45조 삭제 〈1997. 12. 15.〉

제46조(사서함의 설치·이용등) ①우편관서는 법 제37조의 규정에 의하여 배달우편관서에 사서함을 설치할 수 있다. 다만, 관할 지방우정청장이 필요하다고 인정하는 경우에는 배달업무를 취급하지 아니하는 우편관서에도 사서함을 설치할 수 있다. 〈개정 1997. 12. 15., 2011. 5. 30.〉

②사서함의 이용 및 관리 등에 관하여 필요한 사항은 과학기술정보통신부령으로 정한다. 〈신설 1997. 12. 15., 2008. 2. 29., 2013. 3. 23., 2017. 7. 26.〉

제47조 삭제 〈1997. 12. 15.〉

제48조 삭제 〈1997. 12. 15.〉

제49조 삭제 〈1997. 12. 15.〉

제50조(고층건물의 우편수취함 설치) ①법 제37조의2의 규정에 의한 건축물의 소유자 또는 관리인은 당해 건축물의 출입구에서 가까운 내부의 보기쉬운 곳에 그 건축물의 주거시설·사무소 또는 사업소별로 우편수취함을 설치하여야 한다.

②제1항의 규정에 의한 우편수취함의 설치 및 관리등에 관하여 필요한 사항은 과학기술정보통신부령으로 정한다. 〈개정 1997. 12. 15., 2008. 2. 29., 2013. 3. 23., 2017. 7. 26.〉

제51조(고층건물내의 우편물의 배달) ①제50조제1항의 규정에 의한 건축물에 배달되는 우편물은 해당 건축물에 설치된 우편수취함에 배달한다. 다만, 제43조제1호의 규정에 의한 경우에는 그러하지 아니하다. 〈개정 1990. 8. 8., 2018. 8. 21.〉

②법 제37조의2의 규정에 의한 건축물에 우편수취함을 설치하지 아니한 경우에는 배달우편관서에서 우편물을 보관교부할 수 있다. 〈개정 1992. 5. 30., 1997. 12. 15., 2000. 11. 9.〉

③제2항의 규정에 의한 보관교부는 그 실시일전 5일까지 그 건축물의 관리인 및 입주자에게 우편수취함설치의 촉구, 우편물의 보관사유·장소, 우편물의 수취요령등을 통지하여야 한다.

第52조(손해배상) ① 삭제 〈2005. 8. 19.〉

②법 第38조제4항의 규정에 의하여 손해배상액은 예산의 범위안에서 당해 우편관서에서 보유하고 있는 자금중에서 우선지급하고 이를 사후 보전할 수 있다.

[전문개정 1997. 12. 15.]

[제목개정 2005. 8. 19.]

第53조(손해배상금의 반환) 법 第45조의 규정에 의하여 우편물의 교부를 청구하고자 하는 자가 반환하여야 할 손해배상금은 다음 각호와 같다.

1. 우편물에 손해가 없는 경우에는 손해배상금의 전액

2. 우편물에 손해가 있는 경우에는 손해배상금중 실제 손해액을 뺀 금액

제53조의2(소규모 서신송달업자의 신고 면제) 법 제45조의2제1항 단서에서 "대통령령으로 정하는 기준에 해당하는 소규모 서신송달업을 하려는 자"란 「부가가치세법」 제61조에 따라 간이과세자에 관한 규정이 적용되는 사업자로서 서신송달업을 하려는 자를 말한다.

[본조신설 2014. 11. 11.]

제53조의3(규제의 재검토) 과학기술정보통신부장관은 제54조 및 별표에 따른 과태료의 부과기준에 대하여 2015년 1월 1일을 기준으로 3년마다(매 3년이 되는 해의 1월 1일 전까지를 말한다) 그 타당성을 검토하여 개선 등의 조치를 하여야 한다. 〈개정 2017. 7. 26.〉

[본조신설 2014. 11. 11.]

제54조(과태료의 부과기준) 법 제54조의2에 따른 과태료의 부과기준은 별표와 같다.

[본조신설 2011. 12. 2.]

부칙 〈제11218호, 1983. 8. 31.〉

제1조 (시행일) 이 영은 공포후 3월이내에 체신부령이 정하는 날로부터 시행한다.

제2조 (법령의 폐지) 우표류관리판매규정은 이를 폐지한다.

제3조 (다른 법령의 개정) ①우편물운송법시행령중 다음과 같이 개정한다.

제10조 각호중 “우편법시행령 제47조”를 “우편법시행령 제52조”로 한다.

②행정권한의위임및위탁에관한규정중 다음과 같이 개정한다.

제48조 제5항제5호중 “우편법시행령 제21조”를 “우편법시행령 제25조”로 한다.

제4조 (국내판매인등에 관한 경과조치) 이 영 시행전에 종전의 우표류관리판매규정에 의하여 국내판매인 또는 국외보급인의 허가를 받은 자는 이 영에 의한 국내판매인 또는 국외보급인의 허가를 받은 것으로 본다.

제5조 (통화를 넣은 우편물에 관한 경과조치) 이 영 시행전에 제10조제2항의 개정규정에 의한 방법외의 방법으로 발송한 통화를 넣은 우편물의 처리는 종전의 규정에 의한다.

제6조 (우편요금계기사용에 관한 경과조치) 이 영 시행전에 종전의

규정에 의하여 사용인가된 우편요금계기는 계속 사용할 수 있다.

제7조 (손해배상에 관한 경과조치) 이 영 시행전에 발생한 우편물의 손해에 관하여는 제52조 및 제53조의 개정규정에 불구하고 종전의 규정에 의한다.

부칙 〈제11742호, 1985. 8. 19.〉

이 영은 공포한 날로부터 시행한다.

부칙 〈제13070호, 1990. 8. 8.〉

①(시행일) 이 영은 공포한 날부터 시행한다.

②(보관교부지의 우편물에 대한 적용례) 제45조제2항의 개정규정은 이 영 시행후 최초로 접수되는 보관교부지의 우편물부터 적용한다.

③(손해배상에 관한 적용례) 제52조제1항의 개정규정은 이 영 시행후 최초로 접수되는 우편물부터 적용한다.

부칙 〈제13655호, 1992. 5. 30.〉 (건축법시행령)

제1조 (시행일) 이 영은 1992년 6월 1일부터 시행한다.

제2조 내지 제5조 생략

제6조 (다른 법령의 개정등) ①내지 ⑱생략

⑲우편법시행령중 다음과 같이 개정한다.

제51조 제2항중 "건축법시행령 제59조"를 "건축법시행령 제101조"로 한다.

⑳생략

부칙 〈제13675호, 1992. 6. 30.〉

이 영은 공포한 날부터 시행한다.

부칙 〈제14342호, 1994. 7. 23.〉

이 영은 1994년 10월 1일부터 시행한다. 다만, 제10조제1항제5호의 개정규정은 1994년 9월 1일부터 시행한다.

부칙 〈제15539호, 1997. 12. 15.〉

제1조 (시행일) 이 영은 1988년 1월 1일부터 시행한다.

제2조 (다른 법령의 폐지) 다음 각호의 대통령령은 이를 각각 폐지한다.

1. 우편물운송법시행령
2. 군사우편법시행령

제3조 (통화를 넣은 우편물에 관한 경과조치) 이 영 시행당시 발송한 통화를 넣은 우편물의 처리에 관하여는 제10조의 개정규정에 불구하고 종전의 규정에 의한다.

제4조 (국내판매인 등에 관한 경과조치) 이 영 시행당시 국내판매인·국내보급인 및 국외보급인 허가를 받은 자의 업무에 관하여는 제14조 내지 제20조의 개정규정에 불구하고 종전의 규정에 의한다.

제5조 (손해배상에 관한 경과조치) 이 영 시행당시 접수한 우편물의 손해배상금액에 관하여는 제52조의 개정규정에 불구하고 종전의 규

정에 의한다.

제6조 (다른 법령의 개정) ①국제우편규정중 다음과 같이 개정한다.

제45조 를 삭제한다.

②행정권한의위임및위탁에관한규정중 다음과 같이 개정한다.

제48조 제5항제3호 내지 제5호를 각각 삭제한다.

③남북교류협력에관한법률시행령중 다음과 같이 개정한다.

제48조 중 "우편물운송법·"을 삭제한다.

부칙 〈제16046호, 1998. 12. 31.〉

이 영은 1999년 1월 1일부터 시행한다.

부칙 〈제16999호, 2000. 11. 9.〉

이 영은 공포한 날부터 시행한다.

부칙 〈제18312호, 2004. 3. 17.〉 (전자적민원처리를위한가석방자관리규정등중개정령)

이 영은 공포한 날부터 시행한다.

부칙 〈제19008호, 2005. 8. 19.〉

이 영은 공포한 날부터 시행한다.

부칙 〈제19767호, 2006. 12. 21.〉 (우정사업운영에 관한 특례법 시행령)

제1조 (시행일) 이 영은 2006년 12월 28일부터 시행한다. 〈단서 생략〉

제2조 (다른 법령의 개정) ①우편법 시행령 일부를 다음과 같이 개정한다.

제10조의3제2항중 “통신사업특별회계”를 “우편사업특별회계”로 한다.

②및 ③생략

부칙 〈제20016호, 2007. 4. 20.〉

이 영은 2007년 4월 27일부터 시행한다.

부칙 〈제20678호, 2008. 2. 29.〉 (지식경제부와 그 소속기관 직제)

제1조(시행일) 이 영은 공포한 날부터 시행한다. 〈단서 생략〉

제2조 부터 제6조까지 생략

제7조(다른 법령의 개정) ① 부터 〈55〉 까지 생략

〈56〉 우편법 시행령 일부를 다음과 같이 개정한다.

제4조제1항 각 호 외의 부분 · 제3항, 제4조의2제1항, 제5조제1항 · 제2항, 제7조, 제7조의2, 제9조제1항제7호 · 제2항제4호, 제9조의2제1항 각 호 외의 부분 · 제2항 각 호 외의 부분, 제10조의3제1항, 제10조의5, 제12조, 제13조제1항, 제33조제2항, 제36조제5항 중 “정보통신부장관”을 각각 “지식경제부장관”으로 한다.

제4조제1항 각 호 외의 부분 및 제4호 · 제2항 · 제4항, 제6조제2

항, 제8조, 제25조제2항, 제26조제2항, 제29조제4항, 제30조, 제34조 본문, 제43조제4호 · 제6호 · 제7호, 제46조제2항, 제50조제2항 중 "정보통신부령"을 각각 "지식경제부령"으로 한다.

제36조제1항제1호 및 제2호 중 "정보통신부"를 각각 "지식경제부"로 한다.

〈57〉 부터 〈86〉 까지 생략

부칙 〈제21214호, 2008. 12. 31.〉 (행정안전부와 그 소속기관 직제)

제1조(시행일) 이 영은 공포한 날부터 시행한다. 〈단서 생략〉

제2조 부터 제4조까지 생략

제5조(다른 법령의 개정) ① 부터 〈119〉 까지 생략

〈120〉 우편법 시행령 일부를 다음과 같이 개정한다.

제43조제4호 중 "정보통신부장관"을 "지식경제부장관"으로 한다.

〈121〉 부터 〈175〉 까지 생략

부칙 〈제22367호, 2010. 9. 1.〉

제1조(시행일) 이 영은 공포한 날부터 시행한다.

제2조(우편사서함 이용 수수료 환부에 관한 경과조치) 이 영 시행 당시 종전의 규정에 따라 이용하고 있는 우편사서함의 수수료 환부에 관하여는 제35조제1항제3호의 개정규정에도 불구하고 종전의 규정에 따른다.

부칙 〈제22940호, 2011. 5. 30.〉 (지식경제부와 그 소속기관 직제)

제1조(시행일) 이 영은 공포한 날부터 시행한다.

제2조 생략

제3조(다른 법령의 개정) ①부터 ⑦까지 생략

⑧ 우편법 시행령 일부를 다음과 같이 개정한다.

제9조의2제2항 각 호 외의 부분 중 "체신청장"을 "지방우정청장"으로 한다.

제46조제1항 단서 중 "관할체신청장"을 "관할 지방우정청장"으로 한다.

부칙 〈제22985호, 2011. 6. 27.〉

이 영은 공포한 날부터 시행한다.

부칙 〈제23340호, 2011. 12. 2.〉

이 영은 「대한민국과 미합중국 간의 자유무역협정」이 우리나라에 대하여 그 효력을 발생하는 날부터 시행한다.

부칙 〈제24442호, 2013. 3. 23.〉 (산업통상자원부와 그 소속기관 직제)

제1조(시행일) 이 영은 공포한 날부터 시행한다. 〈단서 생략〉

제2조 부터 제11조까지 생략

제12조(다른 법령의 개정) ①부터 〈56〉까지 생략

〈57〉 우편법 시행령 일부를 다음과 같이 개정한다.

제4조제1항 각 호 외의 부분, 같은 조 제3항, 제4조의2제1항 각 호 외의 부분 본문, 제5조제1항, 같은 조 제2항 전단, 제7조, 제7조의2, 제9조제1항제7호, 같은 조 제2항제4호, 제9조의2제1항 각 호 외의 부분, 제2항 각 호 외의 부분, 제10조의3제1항, 제10조의5, 제12조, 제13조제1항 전단, 제33조제2항, 제36조제5항, 제42조제3항 단서 및 제43조제4호 중 "지식경제부장관"을 각각 "미래창조과학부장관"으로 한다.

제4조제1항 각 호 외의 부분, 같은 항 제4호, 같은 조 제2항 · 제4항, 제6조제2항, 제8조, 제25조제2항, 제26조제2항, 제29조제4항, 제30조, 제34조 본문, 제43조제4호 · 제6호 · 제7호, 제46조제2항 및 제50조제2항 중 "지식경제부령"을 각각 "미래창조과학부령"으로 한다.

제36조제1항제1호 및 제2호 중 "지식경제부"를 각각 "미래창조과학부"로 한다.

〈58〉부터 〈92〉까지 생략

부칙 〈제25532호, 2014. 8. 6.〉 (민감정보 및 고유식별정보 처리 근거 마련을 위한 공공기관의 운영에 관한 법률 시행령 등 일부개정령)

이 영은 2014년 8월 7일부터 시행한다.

부칙 〈제25706호, 2014. 11. 11.〉

제1조(시행일) 이 영은 2014년 12월 4일부터 시행한다.

제2조(과태료에 관한 경과조치) ① 이 영 시행 전의 위반행위에 대하여 과태료의 부과기준을 적용할 때에는 별표의 개정규정에도 불구하고 종전의 규정에 따른다.

② 이 영 시행 전에 종전의 별표 제2호가목에 따라 법 제2조제4항을 위반하여 받은 과태료 부과처분은 별표 제2호가목의 개정규정에 따른 위반행위의 횟수 산정에 포함하지 아니한다.

부칙 〈제26306호, 2015. 6. 9.〉

이 영은 2015년 7월 21일부터 시행한다.

부칙 〈제28044호, 2017. 5. 8.〉

이 영은 공포한 날부터 시행한다. 다만, 제9조의2제1항제22호, 제25호, 제25조제2항 및 제43조제3호의2의 개정규정은 공포 후 3개월이 경과한 날부터 시행하고, 제9조의2제1항제26호, 제11조제6호 및 제43조제10호의 개정규정은 공포 후 6개월이 경과한 날부터 시행한다.

부칙 〈제28210호, 2017. 7. 26.〉 (과학기술정보통신부와 그 소속기관 직제)

제1조(시행일) 이 영은 공포한 날부터 시행한다.

제2조 부터 제5조까지 생략

제6조(다른 법령의 개정) ①부터 ㊶까지 생략

㊷ 우편법 시행령 일부를 다음과 같이 개정한다.

제4조제1항 각 호 외의 부분, 같은 조 제3항, 제4조의2제1항 각 호 외의 부분 본문, 제5조제1항, 같은 조 제2항 전단, 제7조, 제7조의2, 제9조제1항제7호, 같은 조 제2항제4호, 제9조의2제1항 각 호 외의 부분, 같은 조 제2항 각 호 외의 부분, 제10조, 제10조의3제1항, 제10조의5, 제12조, 제13조제1항 전단, 제33조제2항, 제42조제3항 단서, 제43조제4호, 제44조 및 제53조의3 중 "미래창조과학부장관"을 각각 "과학기술정보통신부장관"으로 한다.

제4조제1항 각 호 외의 부분, 같은 항 제4호, 같은 조 제2항·제4항, 제6조제2항, 제8조, 제25조제2항, 제26조제2항, 제29조제4항, 제30조, 제34조 본문, 제43조제4호·제6호·제7호, 제46조제2항 및 제50조제2항 중 "미래창조과학부령"을 각각 "과학기술정보통신부령"으로 한다.

대통령령 제28044호 우편법 시행령 일부개정령 제25조제2항 및 제43조제3호의2·제4호 중 "미래창조과학부장관"을 각각 "과학기술정보통신부장관"으로 한다.(※ 시행일 2017년 8월 9일)

대통령령 제28044호 우편법 시행령 일부개정령 제43조제4호·제6호·제7호 중 "미래창조과학부령"을 각각 "과학기술정보통신부령"으로 한다.(※ 시행일 2017년 11월 9일)

㊸부터 〈70〉까지 생략

부칙 〈제29102호, 2018. 8. 21.〉

제1조(시행일) 이 영은 2018년 8월 22일부터 시행한다. 다만, 제9조의2제1항제24호의2, 제34조 및 제42조제4항의 개정규정은 2019

년 1월 1일부터 시행한다.
제2조(연체료에 관한 적용례) 제34조의 개정규정은 이 영 시행 이후 납부기한이 도래하는 우편요금등부터 적용한다.

부칙 〈제30106호, 2019. 10. 8.〉 (과태료 금액 정비를 위한 41개 법령의 일부개정에 관한 대통령령)
제1조(시행일) 이 영은 공포한 날부터 시행한다.
제2조 부터 제5조까지 생략

부칙 〈제30992호, 2020. 9. 8.〉
제1조(시행일) 이 영은 공포한 날부터 시행한다.
제2조(등기우편물의 배달에 관한 적용례) 제42조제3항제2호의 개정규정은 이 영 시행 이후 접수되는 등기우편물부터 적용한다.

부칙 〈제31380호, 2021. 1. 5.〉 (어려운 법령용어 정비를 위한 473개 법령의 일부개정에 관한 대통령령)
이 영은 공포한 날부터 시행한다. 〈단서 생략〉

부칙 〈제33013호, 2022. 12. 6.〉
이 영은 2022년 12월 11일부터 시행한다.

별표 / 서식
[별표] 과태료의 부과기준(제54조 관련)

우편법 시행규칙

[시행 2024. 7. 24.] [과학기술정보통신부령 제129호, 2024. 7. 24., 일부개정]

제18조삭 제
제2관 통상우편물 〈개정 1997. 12. 31.〉
제19조(통상우편물의 봉함 · 규격등)
제20조(사제엽서의 제조요건)
제21조(투명봉투의 사용)
제3관 소포우편물 〈개정 1997. 12. 31.〉
제22조삭 제
제23조삭 제
제24조삭 제
제2절 선택적 우편역무 〈개정 1997. 12. 31., 2011. 12. 2.〉
제1관 통칙 〈개정 1997. 12. 31.〉
제25조(선택적 우편역무의 종류 및 이용조건 등)
제2관 등기취급 〈개정 1997. 12. 31.〉
제26조(등기취급)
제27조(등기우편물의 접수)
제28조(등기우편물 배달시의 수령사실확인등)
제2관의2 준등기취급 〈신설 2018. 2. 19.〉
제28조의2(준등기취급)
제28조의3(준등기우편물의 접수)
제28조의4(준등기우편물의 배달)
제2관의3 선택등기취급 〈신설 2021. 7. 1.〉
제28조의5(선택등기취급)
제28조의6(선택등기우편물의 접수)
제28조의7(선택등기우편물의 배달)
제3관 보험취급 〈개정 1997. 12. 31.〉
제29조(보험통상 및 보험소포의 취급조건 등)
제30조삭 제
제31조삭 제
제31조의2삭 제
제4관 삭제 〈2020. 2. 17.〉
제32조삭 제
제33조삭 제
제34조삭 제
제35조삭 제
제36조삭 제
제37조삭 제

**개정 예정 법률 밑줄 별도 표시.

우편법 시행규칙

[시행 2024. 7. 24.] [과학기술정보통신부령 제129호, 2024. 7. 24., 일부개정]

제1장 총칙

제1조(목적) 이 규칙은 「우편법」 및 같은 법 시행령에서 위임된 사항과 그 시행에 관하여 필요한 사항을 규정함을 목적으로 한다. 〈개정 2005. 8. 4., 2007. 4. 20.〉

제2조(창구업무의 취급 등) ①우체국의 창구에서 취급하는 우편업무의 범위와 취급시간은 우정사업본부장이 정하는 바에 의한다. 다만, 특별한 사정이 있는 때에는 우체국장은 필요하다고 인정하는 업무에 대하여 취급시간을 연장할 수 있다. 〈개정 1995. 12. 30., 2001. 4. 20.〉

②우편물의 수집·배달 및 운송의 횟수와 시간은 관할지방우정청장이 정한다. 〈개정 2014. 12. 4.〉

③우체국장은 취급업무의 종류·취급시간, 우편물의 규격·중량·포장, 우편요금 및 우편이용수수료 등 우편이용자가 알아야 할 사항을 적은 안내판을 우체국안의 보기 쉬운 곳에 언제나 걸어 놓아야 한다. 〈개정 2019. 2. 8.〉

[제목개정 2019. 2. 8.]

제2조의2(우편주문판매 등의 위탁) 「우편법 시행령」(이하 "영"이라 한다) 제4조제1항제4호에서 "과학기술정보통신부령이 정하는 업무"라 함은 다음 각 호의 업무를 말한다. 〈개정 2001. 4. 20., 2007. 4. 20., 2008. 3. 3., 2013. 3. 24., 2015. 7. 21., 2017. 7. 26., 2018. 2. 19.〉

1. 제25조제1항제10호의 우편주문판매 공급업체의 선정 및 관리 업무

1의2. 영 제4조제1항제3호에 따른 우표류(이하 "우표류"라 한다)를 이용한 제25조제1항제11호의 광고우편의 모집 및 대리점 선정·관리업무

2. 제25조제1항제12호의 전자우편물 내용의 출력·인쇄 업무 및 이를 봉투에 넣거나 봉함하는 업무

3. 제25조제1항제21호에 따른 우편물의 반환 정보 제공 업무

[본조신설 1997. 12. 31.]

[제목개정 2015. 7. 21.]

제2조의3 삭제 〈2014. 12. 4.〉

제3조(방문접수업무와 집배업무 위탁방법) 영 제4조제2항에 따른 우편물 방문접수업무와 집배업무의 위탁방법은 해당 위탁업무를 하는 지역의 인구와 우편물의 증감 등을 고려하여 우정사업본부장이 정한다.

[전문개정 2014. 12. 4.]

제4조(우편업무의 일부를 수탁할 수 있는 자의 자격) ①영 제4조제1항제1호에 따른 우편물방문접수 업무를 위탁받을 수 있는 자는 다음 각 호와 같다. 〈개정 2005. 8. 4., 2014. 12. 4.〉

1. 개인 : 18세 이상으로서 「국가공무원법」 제33조 각 호의 어느 하나에 해당하지 아니한 자

2. 법인 : 위탁업무의 수행에 필요한 시설·장비 및 인력 등 우정사업본부장이 정하는 요건을 갖춘 자

②영 제4조제1항제2호에 따른 우편물의 집배업무·운송업무 및 발착업무를 위탁받을 수 있는 자는 다음 각 호의 구분에 따른다. 〈개정 1999. 1. 21., 2001. 4. 20., 2005. 8. 4., 2010. 9. 1., 2014. 12. 4., 2018. 2. 19.〉

1. 우편물 집배업무 위탁의 경우

가. 개인 : 18세이상으로서 「국가공무원법」 제33조 각 호의 어느 하나에 해당하지 아니한 자

나. 법인 : 위탁업무 수행에 필요한 시설·장비 및 인력등 우정사업본부장이 정하는 요건을 갖춘 자

다. 「우체국창구업무의 위탁에 관한 법률」 제4조에 따른 수탁자

라. 그 밖에 집배업무의 공익성·정시성(正時性) 등을 고려하여 우정사업본부장이 정하는 요건을 충족하는 자

2. 삭제 〈2014. 12. 4.〉

3. 우편물 운송업무 위탁의 경우 : 우정사업본부장이 지정하는 비영리법인 또는 「화물자동차 운수사업법 시행령」 제3조제1호에 따른 일반화물자동차운송사업자

4. 우편물 발착업무 위탁의 경우: 우정사업본부장이 지정하는 비영리법인 또는 발착업무의 공익성·정시성 등을 고려하여 우정사업본부장이 정하는 요건에 적합한 자

③영 제4조제1항제3호에 따른 우표류 조제업무를 위탁받을 수 있는 자는 우정사업본부장이 지정하는 비영리법인 또는 특별법에 의하여 설립된 법인으로 한다. 〈신설 1999. 1. 21., 2001. 4. 20., 2005. 8. 4., 2014. 12. 4.〉

④제2조의2에 따른 업무를 위탁받을 수 있는 자는 위탁업무의 수행에 필요한 시설·장비 및 인력 등 우정사업본부장이 정하는 요건을 갖춘 법인으로 한다. 〈신설 2005. 8. 4., 2014. 12. 4.〉

[전문개정 1997. 12. 31.]

제4조의2(위탁지역의 우편물방문접수업무의 처리절차) 우편물방문접수업무의 처리절차는 우정사업본부장이 정하는 바에 따라 위탁지역을 관할하는 우체국장과 당해업무를 위탁받는 자와의 계약에 의하여 이를 정한다. 〈개정 2001. 4. 20., 2005. 8. 4.〉

[본조신설 1997. 12. 31.]

제5조(위탁지역의 우편물 집배·운송절차) ①제3조에 따라 위탁한 우편물의 집배절차는 우정사업본부장이 정하는 바에 따라 관할지방우정청장 또는 관할우체국장과 집배업무를 위탁받는 자와의 계약으로 정한다. 〈개정 1995. 12. 30., 1999. 1. 21., 2001. 4. 20., 2010. 9. 1., 2014. 12. 4.〉

② 삭제 〈2014. 12. 4.〉

③우편물위탁운송지역의 우편물의 운송절차는 우정사업본부장이 정하는 바에 따라 위탁지역 관할지방우정청장과 해당 업무를 위탁받는 자와의 계약으로 정한다. 〈개정 1995. 12. 30., 1999. 1. 21., 2001. 4. 20., 2014. 12. 4.〉

④ 우편물 발착위탁업무의 처리절차는 우정사업본부장이 정하는 바에 따라 발착업무를 위탁하는 우체국장과 그 업무를 위탁받는 자와의 계약에 따라 정한다. 〈신설 2010. 9. 1.〉

제5조의2(우표류조제위탁업무의 처리절차) 우표류조제위탁업무의 처리절차는 우정사업본부장과 당해업무를 위탁받는 자와의 계약에 의하여 이를 정한다. 〈개정 2001. 4. 20.〉

[본조신설 1997. 12. 31.]

제5조의3(우편주문판매등의 위탁업무의 처리절차) 제2조의2의 규정에 의한 위탁업무의 처리절차는 우정사업본부장과 당해업무를 위탁받는 자와의 계약에 의하여 이를 정한다. 〈개정 2001. 4. 20.〉

[본조신설 1997. 12. 31.]

제6조(위탁업무의 취급수수료등) ①영 제4조제4항에 따라 같은 조 제1항제1호 · 제3호 및 제4호의 위탁업무의 위탁수수료 및 경비는 우편의 공공성 · 신뢰성을 유지하기 위하여 소요되는 원가 등을 고려하여 산정 · 지급한다. 〈신설 1997. 12. 31., 2014. 12. 4.〉

② 삭제 〈2014. 12. 4.〉

③우편물 집배업무, 운송업무와 발착(發着)업무의 위탁수수료는 우편물의 공공성 · 안전성 및 정시성을 유지하기 위하여 소요되는 원가를 고려하여 산정 · 지급한다. 〈개정 2010. 9. 1., 2014. 12. 4.〉

[제목개정 1997. 12. 31.]

제7조(손실보상등의 청구) ①법 제4조제1항에 따른 우편운송등의 조력자에 대한 보수와 법 제5조에 따른 우편운송원등의 통행으로 인한 피해에 대한 손실보상을 청구하고자 하는 자는 다음 각 호의 사

항을 기재한 청구서를 그 우편운송원등이 소속된 우체국장을 거쳐 관할지방우정청장에게 제출하여야 한다. 〈개정 2007. 4. 20., 2011. 12. 2., 2014. 12. 4.〉

1. 청구인의 성명ㆍ주소

2. 청구사유

3. 청구금액

②제1항의 경우 소속우체국장은 보수 또는 손실보상의 청구내용에 대한 의견서를 첨부하여야 한다.

③제1항 및 제2항에 따른 청구서 및 의견서를 받은 지방우정청장은 그 내용을 심사하여 청구내용이 정당하지 아니하다고 인정하여 청구금액을 지급할 수 없는 때에는 그 사유서를 청구인에게 송부하고, 청구내용이 정당하다고 인정하는 때에는 청구한 보수 또는 손실보상금을 청구인에게 지급하여야 한다. 〈개정 2014. 12. 4.〉

④제1항에 따른 청구를 받은 지방우정청장은 필요하다고 인정하는 때에는 청구인의 출석을 요구하여 질문하거나 관계자료를 제출하게 할 수 있다. 〈개정 2014. 12. 4.〉

제8조(이용의 제한 및 업무의 정지) 우정사업본부장은 법 제6조의 규정에 의하여 우편이용을 제한하거나 우편업무의 일부를 정지한 때에는 이를 공고하여야 한다. 〈개정 1995. 12. 30., 2001. 4. 20.〉

제9조(우편구의 구별) ①영 제5조제1항에 따른 우편구는 시내우편구와 시외우편구로 구분하되 시내우편구는 우체국의 소재지와 그 가까운 지역으로서 관할지방우정청장이 지정하는 지역으로 하고, 시외우편구는 시내우편구를 제외한 지역으로 한다. 〈개정 2014. 12. 4.〉

②지방우정청장은 제1항에 따라 시내우편구를 지정한 때에는 이를 고시하여야 한다. 이를 변경한 때에도 또한 같다. 〈개정 2014. 12. 4.〉

제10조(우편업무의 시험적 실시) 우정사업본부장은 영 제7조의 규정에 의하여 우편업무에 관한 새로운 제도를 시험적으로 실시하고자 할 때에는 그 명칭 또는 종류ㆍ내용 기타 필요한 사항을 미리 공고하여야 한다. 〈개정 1995. 12. 30., 2001. 4. 20.〉

제11조(수탁취급) 우정사업본부장은 영 제7조의2의 규정에 의하여 다른 국가기관ㆍ지방자치단체 또는 「공공기관의 운영에 관한 법률」에 따른 공공기관(이하 "공공기관"이라 한다) 등의 업무를 수탁취급하는 경우에는 그 업무의 종류ㆍ내용 기타 필요한 사항을 미리 공고하여야 한다. 〈개정 1995. 12. 30., 2001. 4. 20., 2010. 9. 1.〉

제2장 우편역무 〈개정 1997. 12. 31.〉

제1절 보편적 우편역무 〈개정 1997. 12. 31., 2011. 12. 2.〉

제1관 통칙 〈신설 1997. 12. 31.〉

제12조(보편적 우편역무의 제공기준 및 이용조건 등) ① 과학기술정보통신부장관은 법 제14조제3항에 따라 보편적 우편역무의 제공을 위하여 1근무일에 1회 이상 우편물을 수집하고 배달하여야 한다. 다만, 지리, 교통, 사업 환경 등이 열악하여 부득이한 경우에는 이를 조정할 수 있다. 〈개정 2011. 12. 2., 2013. 3. 24., 2017. 7. 26.〉

② 제1항에 따라 수집하거나 우체국 창구에 접수한 우편물의 송달에 걸리는 기간(이하 "우편물 송달기준"이라 한다)은 수집이나 접

수한 날의 다음 날부터 3일 이내로 한다. 이 경우 수집이나 접수한 날이란 우편물의 수집을 관할하는 우체국장이 관할지역의 지리·교통상황·우편물처리능력 및 다른 지역의 우편물송달능력 등을 참작하여 공고한 시간 내에 우체통에 투입되거나 우체국 창구에 접수한 경우를 말한다. 〈개정 2011. 12. 2.〉

③「관공서의 공휴일에 관한 규정」에 의한 공휴일 기타 다른 법령에 의한 유급휴일·토요일 및 우정사업본부장이 배달하지 아니하기로 정한 날은 이를 우편물송달기준에 산입하지 아니한다. 〈개정 1995. 12. 30., 2001. 4. 20., 2005. 8. 4., 2006. 2. 9.〉

④ 우정사업본부장은 우체국 및 우체통의 설치현황을 고시하여야 한다. 〈신설 2011. 12. 2.〉

[제목개정 2011. 12. 2.]

제12조의2(보편적 우편역무의 특수취급) ① 법 제14조제2항제3호에 따른 특수취급은 제25조제1항, 제26조부터 제29조까지, 제46조부터 제55조까지, 제57조부터 제59조까지, 제61조, 제62조부터 제65조까지, 제70조의8, 제70조의11부터 제70조의17까지를 준용한다. 〈개정 2016. 3. 16., 2020. 2. 17.〉

② 보편적 우편역무의 특수취급 종류와 이에 따른 우편물은 별표 1과 같다. 〈개정 2016. 3. 16.〉

③ 보편적 우편역무에 부가할 수 있는 우편역무는 별표 2와 같다.

[본조신설 2011. 12. 2.]

제13조(도서·산간오지등의 우편물송달기준) ①우정사업본부장은 도서·산간오지등 교통이 불편하여 우편물의 운송이 특히 곤란한 지역

에 대하여는 제12조에도 불구하고 지역별 또는 지역상호간에 적용할 우편물송달기준을 달리 정할 수 있다. 〈개정 1995. 12. 30., 2001. 4. 20., 2014. 12. 4.〉

②제1항에 따라 우편물송달기준을 달리 정한 때에는 관할지방우정청장은 그 지역과 세부적인 우편물송달기준을 정하여 공고하여야 한다. 〈개정 2014. 12. 4.〉

제14조(우편물송달기준 적용의 예외) 「신문 등의 진흥에 관한 법률」 제9조에 따라 등록된 일간신문(주 5회 이상 발행되는 신문으로 한정한다) 및 관보를 제86조제1항에 따른 우편물정기발송계약에 따라 발송할 때에는 제12조제2항 전단에도 불구하고 접수한 날의 다음날까지 이를 송달할 수 있다. 〈개정 2018. 2. 19.〉

[전문개정 2010. 9. 1.]

제15조(우편물송달기준의 이행) ①우정사업본부장은 우편물의 종류별·지역별로 우편물송달기준의 이행목표율을 정하여 고시하여야 한다. 〈개정 1995. 12. 30., 2001. 4. 20.〉

②우정사업본부장은 제1항의 규정에 의한 이행목표율의 달성도를 매년 1회이상 조사하여 그 결과를 공표하여야 한다. 〈개정 1995. 12. 30., 2001. 4. 20.〉

③우정사업본부장은 법 제6조의 규정에 의하여 우편물의 이용을 제한하거나 우편업무의 일부를 정지하는 경우 또는 일시에 다량의 우편물이 접수되어 특별한 송달대책이 요구되는 경우 그 기간동안에는 제1항의 규정에 의한 이행목표율을 보다 낮은 수준으로 정하여 고시할 수 있다. 〈개정 1995. 12. 30., 2001. 4. 20.〉

제15조의2(이용자에 대한 실비의 지급) ①우편관서의 장은 보편적 우편역무 및 선택적 우편역무의 제공과 관련하여 우정사업본부장이 공표하는 기준을 충족하지 못한 경우에는 예산의 범위안에서 해당 이용자에게 교통비 등 실비의 전부 또는 일부를 지급할 수 있다. 〈개정 2011. 12. 2.〉

②제1항의 규정에 의한 실비 지급의 절차는 우정사업본부장이 정하여 고시한다.

[본조신설 2001. 4. 20.]

제16조(우편물의 외부 기재사항) ① 영 제6조제2항에 따라 우편물의 외부에는 우편요금의 납부표시, 그 밖에 우편물의 취급을 위하여 이 규칙에서 정한 사항을 적어야 한다. 〈개정 2010. 9. 1.〉

②우편물의 발송인은 제1항의 기재사항외에 우편물의 취급에 지장이 없는 범위안에서 우정사업본부장이 정하여 고시하는 사항을 우편물의 외부에 표시하거나 부착할 수 있다. 〈개정 1995. 12. 30., 2001. 4. 20.〉

③제1항 및 제2항의 규정에 의한 사항을 우편물의 외부에 기재하거나 표시 또는 부착하는 경우 그 방법·위치등은 우정사업본부장이 정하여 고시하는 요건에 적합하여야 한다. 〈개정 1995. 12. 30., 2001. 4. 20.〉

제17조(우편날짜도장의 사용) ①우체국은 우편물의 접수확인 및 우표의 소인을 위하여 우편날짜도장을 찍는다. 다만, 영 제13조제1항에 따라 우정사업본부장이 발행하는 우편요금표시인영이 인쇄된 연하우편엽서와 연하우편봉투 및 이 규칙에서 따로 정한 경우에는 그

러하지 아니하다. 〈개정 1995. 12. 30., 2001. 4. 20., 2014. 12. 4.〉

②우편날짜도장의 종류·형식 및 사용범위에 관하여는 우정사업본부장이 정한다. 〈개정 1995. 12. 30., 1997. 12. 31., 2001. 4. 20., 2014. 12. 4.〉

[제목개정 2014. 12. 4.]

제18조 삭제 〈1997. 12. 31.〉

제2관 통상우편물 〈개정 1997. 12. 31.〉

제19조(통상우편물의 봉함·규격등) ①통상우편물은 봉투에 넣어 봉함하여 발송해야 하며, 봉함하기가 적합하지 않은 우편물은 법 제17조제2항에 따라 우정사업본부장이 정하여 고시한 기준에 적합하도록 포장하여 발송할 수 있다. 다만, 다음 각 호의 어느 하나에 해당하는 우편물의 경우에는 그렇지 않다. 〈개정 1997. 12. 31., 2001. 4. 20., 2011. 12. 2., 2022. 1. 4.〉

1. 우정사업본부장이 발행하는 우편엽서

1의2. 영 제3조제4호에 해당하는 우편물

2. 제20조의 규정에 의한 요건을 갖춘 사제엽서

3. 제25조제1항제9호에 따른 팩스우편물

4. 제25조제1항제12호의 규정에 의한 전자우편물

② 삭제 〈1997. 12. 31.〉

③우편엽서는 그 종류·규격·형식·발행방법등에 관하여 우정사업본부장이 정하여 고시하는 것으로 한다. 〈개정 1995. 12. 30.,

2001. 4. 20.〉

④우정사업본부장은 우편물의 안전한 송달과 취급을 위하여 필요한 경우에는 우편물의 규격을 정하여 고시할 수 있다. 〈개정 1995. 12. 30., 2001. 4. 20.〉

제20조(사제엽서의 제조요건) 법 제21조제3항에 따라 우편엽서를 개인, 기관 또는 단체가 조제하는 경우에는 제19조제3항에 따라 우정사업본부장이 정하여 고시하는 우편엽서의 종류·규격·형식 등에 적합하여야 한다. 〈개정 1995. 12. 30., 2001. 4. 20., 2014. 12. 4.〉

1. 삭제 〈2014. 12. 4.〉
2. 삭제 〈2014. 12. 4.〉
3. 삭제 〈2014. 12. 4.〉
4. 삭제 〈2014. 12. 4.〉

제21조(투명봉투의 사용) 통상우편물로서 무색 투명한 부분이 있는 봉투를 사용하는 경우에는 해당 봉투의 투명한 부분으로 발송인 또는 수취인의 성명·주소와 우편번호를 볼 수 있도록 하여야 한다. 이 경우 투명부분의 크기는 우편날짜도장의 날인, 우편요금의 납부표시, 우편물의 종류표시 그 밖의 우편물 취급에 지장이 없도록 하여야 한다. 〈개정 2014. 12. 4.〉

제3관 소포우편물 〈개정 1997. 12. 31.〉

제22조 삭제 〈2011. 12. 2.〉

제23조 삭제 〈1997. 12. 31.〉

제24조 삭제 〈1997. 12. 31.〉

제2절 선택적 우편역무 <개정 1997. 12. 31., 2011. 12. 2.>

제1관 통칙 <개정 1997. 12. 31.>

제25조(선택적 우편역무의 종류 및 이용조건 등) ①법 제15조제3항에 따른 선택적 우편역무의 종류는 다음 각 호와 같이 구분한다. <개정 1999. 1. 21., 1999. 7. 20., 2001. 4. 20., 2005. 8. 4., 2006. 2. 9., 2007. 1. 10., 2010. 9. 1., 2011. 12. 2., 2014. 12. 4., 2015. 7. 21., 2016. 3. 16., 2018. 2. 19., 2020. 2. 17., 2021. 7. 1., 2022. 1. 4., 2024. 7. 24.>

1. 등기취급

우편물의 접수에서 배달까지 모든 단계의 취급과정을 기록하는 우편물의 특수취급제도

1의2. 준등기취급

우편물의 접수에서 배달 전(前) 단계까지의 취급과정을 기록하는 우편물의 취급제도

1의3. 선택등기취급: 등기취급 및 제112조의2제1항에 따른 우편물의 반환거절을 전제로 우편물을 배달하되, 그 우편물을 수취인에게 배달할 수 없는 경우에는 준등기취급에 따라 우편물을 배달하는 특수취급제도

2. 보험취급

가. 보험통상: 등기취급을 전제로 보험등기 취급용 봉투를 이용하여 유가증권, 통화 또는 소형포장우편물 등의 통상우편물을 배달하는 특수취급제도

나. 보험소포: 등기취급을 전제로 사회통념상 용적에 비하여 가

격이 높다고 발송인이 신고한 것으로서 그 취급에 특히 유의할 필요가 있는 고가품·귀중품 등의 소포우편물을 배달하는 특수취급제도

3. 삭제 〈2020. 2. 17.〉

4. 증명취급

가. 내용증명 : 등기취급을 전제로 우체국창구 또는 정보통신망을 통하여 발송인이 수취인에게 어떤 내용의 문서를 언제 발송하였다는 사실을 우체국이 증명하는 특수취급제도

나. 삭제 〈2014. 12. 4.〉

다. 배달증명 : 등기취급을 전제로 우편물의 배달일자 및 수취인을 배달우체국에서 증명하여 발송인에게 통지하는 특수취급제도

5. 국내특급우편

등기취급을 전제로 국내특급우편 취급지역 상호간에 수발하는 긴급한 우편물로서 통상적인 송달방법보다 빠르게 송달하기 위하여 접수된 우편물을 약속한 시간 내에 신속히 배달하는 특수취급제도

6. 특별송달

등기취급을 전제로 「민사소송법」 제176조의 규정에 의한 방법으로 송달하는 우편물로서 배달우체국에서 배달결과를 발송인에게 통지하는 특수취급제도

7. 민원우편

우정사업본부장이 정하여 고시하는 민원서류 발급을 위하여 등기취급을 전제로 우편 또는 정보통신망을 통하여 발급신청에 필요한 서류와 발급수수료를 송부하고 그에 따라 발급된 민원서류와 발급수수료 잔액등을 우정사업본부장이 발행하는 민원우편봉투에 함께 넣

어 송달하는 특수취급제도

8. 삭제 〈2014. 12. 4.〉

9. 팩스우편

우체국에서 서신·서류·도화 등의 통신문을 접수받아 수취인의 팩스에 전송하는 제도

10. 우편주문판매

등기취급을 전제로 우체국 창구나 정보통신망, 방송채널 등을 통하여 전국 각 지역에서 생산되는 특산품이나 소상공인 및 중소·중견기업 제품 등을 생산자나 판매자에게 주문하고 생산자나 판매자는 우편을 통하여 주문자에게 직접 공급하는 제도

11. 광고우편

우정사업본부장이 조제한 우표류 및 우편차량 또는 우편시설등에 개인 또는 단체로부터 의뢰받아 광고를 게재하거나 광고물을 부착하는 제도

12. 전자우편

우체국 창구나 정보통신망을 통하여 전자적 형태로 접수된 통신문 등을 발송인이 의뢰한 형태로 출력·봉함하여 수취인에게 배달하는 제도

13. 우편물방문접수

발송인의 요청 또는 발송인과 발송인 소재지역을 관할하는 우체국장과 사전계약에 따라 발송인을 방문하여 우편물을 접수하는 제도

14. 삭제 〈2014. 12. 4.〉

15. 삭제 〈2014. 12. 4.〉

16. 착불배달

영 제29조제1항제2호에 따른 등기우편물에 대하여 그 요금을 배달 시 수취인으로부터 수납하는 특수취급제도

17. 계약등기

등기취급을 전제로 우체국장과 발송인과의 별도의 계약에 따라 접수한 통상우편물을 배달하고 그 배달결과를 발송인에게 전자적 방법 등으로 통지하는 특수취급제도

18. 회신우편

등기취급을 전제로 우체국장과 발송인과의 별도의 계약에 따라 수취인을 직접 대면하여 우편물을 배달하면서 서명이나 도장을 받는 등 응답을 필요로 하는 사항을 받거나 서류를 인수받아 발송인이나 발송인이 지정하는 자에게 회신하는 특수취급제도

19. 본인지정배달

등기취급을 전제로 우편물을 수취인 본인에게만 배달하여 주는 특수취급제도

20. 우편주소 정보제공

등기취급을 전제로 이사 등 거주지 이전으로 우편주소가 변경된 경우에 우편물을 변경된 우편주소로 배달하고 수취인의 동의를 받아 발송인에게 변경된 우편주소정보를 제공하는 특수취급제도

21. 우편물의 반환 정보 제공

수취인에게 배달할 수 없거나 수취인이 수취를 거부하여 발송인에게 되돌려 보내는 우편물의 목록, 봉투를 스캔한 이미지 및 반환 사유 등 우편물의 반환 정보를 발송인에게 제공하는 제도

22. 선거우편

「공직선거법」, 「국민투표법」, 그 밖에 선거 또는 투표 관련 법령에서 정하는 우편물로서 통상적인 우편물보다 정확하고 신속하게 송달하기 위하여 우선적으로 우편물을 취급 및 배달하는 특수취급제도

23. 복지우편

등기취급을 전제로 우체국장과 발송인과의 별도의 계약에 따라 우편물을 배달하면서 수취인을 직접 대면하여 얻은 수취인의 건강상태 및 주거환경 등에 관한 정보를 발송인이나 발송인이 지정하는 자에게 회신하는 특수취급제도

24. 국제우편 연계 서비스

국내외 물류 관련 사업자 등과 연계하여 우편물을 「관세법」에 따른 통관절차를 거쳐 수취인에게 배달하는 제도

② 선택적 우편역무의 종류에 따른 우편물은 별표 3과 같다. 〈개정 2016. 3. 16.〉

③ 선택적 우편역무에 부가할 수 있는 우편역무는 별표 4와 같다. 〈개정 2016. 3. 16.〉

[전문개정 1997. 12. 31.]

[제목개정 2011. 12. 2.]

제2관 등기취급 〈개정 1997. 12. 31.〉

제26조(등기취급) 제25조제1항제1호의 등기취급(이하 "등기"라 한다)을 하는 우편물(이하 "등기우편물"이라 한다)에는 발송인이 그 표면의 왼쪽 중간에 "등기"의 표시를 하여야 한다. 〈개정 1997. 12. 31.〉

제27조(등기우편물의 접수) ① 삭제 〈1997. 12. 31.〉

②등기우편물을 접수한 때에는 발송인에게 접수번호를 기록한 특수우편물수령증을 교부하여야 한다.

제28조(등기우편물 배달시의 수령사실확인등) 영 제42조제3항 본문에 따른 등기우편물 배달시의 수령사실확인은 특수우편물배달증에 수령인이 서명(전자서명을 포함한다) 또는 날인하는 것으로 한다. 다만, 수령인이 본인이 아닌 경우에는 수령인의 성명 및 본인과의 관계를 기재하고 서명(전자서명을 포함한다) 또는 날인하게 하여야 한다. 〈개정 2005. 8. 4., 2010. 9. 1.〉

제2관의2 준등기취급 〈신설 2018. 2. 19.〉

제28조의2(준등기취급) 제25조제1항제1호의2의 준등기취급(이하 "준등기"라 한다)을 하는 우편물(이하 "준등기우편물"이라 한다)에는 발송인이 그 표면의 왼쪽 중간에 "준등기"의 표시를 하여야 한다.

[본조신설 2018. 2. 19.]

제28조의3(준등기우편물의 접수) 준등기우편물을 접수한 때에는 발송인에게 접수번호를 기록한 우편물수령증을 교부하여야 한다.

[본조신설 2018. 2. 19.]

제28조의4(준등기우편물의 배달) 준등기우편물의 배달은 우편수취함 등에 투함함으로써 완료되며, 수령인의 수령사실을 확인하지 아니한다.

[본조신설 2018. 2. 19.]

제2관의3 선택등기취급 〈신설 2021. 7. 1.〉

제28조의5(선택등기취급) 제25조제1항제1호의3의 선택등기취급(이하 "선택등기"라 한다)을 하는 우편물(이하 "선택등기우편물"이라 한다)에는 발송인이 그 표면의 왼쪽 중간에 "반환 불필요" 및 "선택등기"의 표시를 해야 한다.

[본조신설 2021. 7. 1.]

제28조의6(선택등기우편물의 접수) 선택등기우편물을 접수한 때에는 발송인에게 접수번호를 기록한 우편물수령증을 교부해야 한다.

[본조신설 2021. 7. 1.]

제28조의7(선택등기우편물의 배달) 선택등기우편물은 영 제42조제3항 및 이 규칙 제28조에 따라 배달한다. 다만, 선택등기우편물을 수취인에게 배달할 수 없는 경우에는 제28조의4에 따라 배달한다.

[본조신설 2021. 7. 1.]

제3관 보험취급 〈개정 1997. 12. 31.〉

제29조(보험통상 및 보험소포의 취급조건 등) ① 통화를 우편물로 발송하려는 경우에는 제25조제1항제2호가목에 따른 보험통상으로 한다. 다만, 제25조제1항제7호에 따른 민원우편의 경우에는 그러하지 아니하다.

② 제1항에서 규정한 사항 외에 제25조제1항제2호에 따른 보험통상 또는 보험소포 취급우편물의 세부종류, 취급한도, 취급방법 및 절차 등 보험취급에 필요한 사항은 우정사업본부장이 정하여 고시한다.

[전문개정 2018. 2. 19.]

제30조 삭제 〈2018. 2. 19.〉

제31조 삭제 〈2018. 2. 19.〉

제31조의2 삭제 〈2018. 2. 19.〉

제4관 삭제 〈2020. 2. 17.〉

제32조 삭제 〈2020. 2. 17.〉

제33조 삭제 〈2020. 2. 17.〉

제34조 삭제 〈2020. 2. 17.〉

제35조 삭제 〈2020. 2. 17.〉

제36조 삭제 〈2020. 2. 17.〉

제37조 삭제 〈1997. 12. 31.〉

제38조 삭제 〈1997. 12. 31.〉

제39조 삭제 〈1997. 12. 31.〉

제40조 삭제 〈1997. 12. 31.〉

제41조 삭제 〈1997. 12. 31.〉

제42조 삭제 〈1997. 12. 31.〉

제43조 삭제 〈1997. 12. 31.〉

제44조 삭제 〈1997. 12. 31.〉

제45조 삭제 〈1997. 12. 31.〉

제5관 증명취급 〈개정 1997. 12. 31.〉

제46조(내용증명) ①제25조제1항제4호가목에 따른 내용증명우편물은 한글, 한자 또는 그 밖의 외국어로 자획을 명료하게 기재한 문서(첨부물을 포함한다. 이하 같다)인 경우에 한하여 취급하며, 공공의

질서 또는 선량한 풍속에 반하는 내용의 문서 또는 문서의 원본(사본을 포함한다. 이하 같다)과 등본이 같은 내용임을 일반인이 쉽게 식별할 수 없는 문서는 이를 취급하지 아니한다. 〈개정 1997. 12. 31., 2018. 2. 19.〉

②제1항에 따른 문서(이하 “내용문서”라 한다)에는 숫자·괄호·구두점이나 그 밖에 일반적으로 사용하는 단위등의 기호를 함께 기재할 수 있다. 〈개정 1997. 12. 31., 2018. 2. 19.〉

제47조(동문내용증명) 2인이상의 수취인에게 발송하는 내용증명우편물로서 그 내용문서가 동일한 것은 이를 동문내용증명으로 할 수 있다.

제48조(내용문서 원본 및 등본의 제출등) ①내용증명우편물을 발송하고자 하는 자는 내용문서 원본 및 그 등본 2통을 제출하여야 한다.

②동문내용증명 우편물인 경우에는 각 수취인별·내용문서 원본과 수취인 전부의 성명 및 주소를 기재한 등본 2통을 제출하여야 한다.

③제1항 및 제2항에 따라 제출받은 등본 중 한통은 우체국에서 발송한 다음날부터 3년간 보관하고 나머지 한통은 발송인에게 이를 되돌려 준다. 다만, 발송인이 등본을 필요로 하지 아니하는 때에는 제1항 및 제2항에 따른 등본은 한통을 제출할 수 있다. 〈개정 2018. 2. 19.〉

제49조(내용문서 원본 및 등본의 규격등) ①내용문서의 원본 및 등본은 「행정업무의 운영 및 혁신에 관한 규정」 제7조제6항에 따라 가로 210밀리미터, 세로 297밀리미터의 용지(이하 “기준용지”라 한

다)를 사용하여 작성하되, 등본은 내용문서의 원본을 복사한 것이어야 한다. 〈개정 1997. 12. 31., 2005. 8. 4., 2018. 2. 19., 2024. 7. 24.〉

② 삭제 〈2001. 4. 20.〉

제50조(문자의 정정등) ①내용문서의 원본 또는 등본의 문자나 기호를 정정ㆍ삽입 또는 삭제한 때에는 "정정"ㆍ"삽입" 또는 "삭제"의 문자 및 자수를 난외 또는 말미여백에 기재하고 그 곳에 발송인의 도장 또는 지장을 찍거나 서명을 해야 한다. 〈개정 2018. 2. 19., 2022. 1. 4.〉

②제1항의 경우 정정 또는 삭제된 문자나 기호는 명료하게 판독할 수 있도록 남겨두어야 한다.

③내용증명우편물을 접수한 후에는 발송인 및 수취인의 성명ㆍ주소의 변경, 내용문서원본 또는 등본의 문자나 기호의 정정등을 청구할 수 없다.

제51조(발송인 및 수취인등의 성명ㆍ주소) ①내용증명우편물의 내용문서 원본, 그 등본 및 우편물의 봉투에 기재하는 발송인 및 수취인의 성명ㆍ주소는 동일하여야 한다.

②제1항의 규정에 불구하고 다수인이 연명하여 동일인에게 내용증명우편물을 발송하는 때에는 연명자중 1인의 성명ㆍ주소만을 우편물의 봉투에 기재하여야 한다. 〈신설 1997. 12. 31.〉

[제목개정 1997. 12. 31.]

제52조(내용문서의 증명) ①내용증명우편물을 접수할 때에는 접수우체국에서 내용문서 원본과 등본을 대조하여 서로 부합함을 확인한

후 내용문서 원본과 등본의 각통에 발송연월일 및 그 우편물을 내용증명우편물로 발송한다는 뜻과 우체국명을 기재하고 우편날짜도장을 찍는다. 〈개정 2014. 12. 4.〉

②수취인에게 발송할 내용문서의 원본, 우체국에서 보관할 등본 및 발송인에게 교부할 등본 상호간에는 우편날짜도장을 걸쳐 찍어야 한다. 〈개정 2014. 12. 4., 2022. 1. 4.〉

③내용문서의 원본 또는 등본이 2매이상 합철되는 곳에는 우편날짜도장을 찍거나 구멍을 뚫는 방식 등으로 간인(間印)해야 하며, 제50조제1항에 따라 내용문서의 원본 또는 등본의 정정·삽입 또는 삭제를 기재한 곳에는 우편날짜도장을 찍어야 한다. 〈개정 2014. 12. 4., 2022. 1. 4.〉

④제1항부터 제3항까지의 규정에 따라 증명한 내용문서의 원본은 우체국의 취급직원이 보는 곳에서 발송인이 수취인 및 발송인의 성명·주소를 기재한 봉투에 넣고 봉함하여야 한다. 〈개정 2014. 12. 4.〉

제53조(내용증명 취급수수료의 계산방법) ①내용증명 취급수수료는 기준용지의 규격을 기준으로 내용문서의 매수에 따라 계산하되, 양면에 기재한 경우에는 이를 2매로 본다. 〈개정 1997. 12. 31.〉

②내용증명 취급수수료의 계산에 있어서 내용문서의 규격이 기준용지보다 큰 것은 기준용지의 규격으로 접어서 매수를 계산하고, 기준용지보다 작은 것은 기준용지로 매수를 계산한다.

제54조(발송후의 내용증명 청구) ①내용증명우편물의 발송인 또는 수취인은 내용증명우편물을 발송한 다음 날부터 3년까지는 우체국

에 특수우편물수령증·주민등록증등의 관계자료를 내보여 동 우편물의 발송인 또는 수취인임을 입증하고 내용증명의 재증명을 청구할 수 있다. 〈개정 2018. 2. 19.〉

② 제1항에 따른 재증명 청구인은 우체국에서 보관 중인 최초의 내용문서 등본과 같은 등본을 우체국에 제출하여야 하며, 재증명 청구를 받은 우체국은 청구인이 제출한 내용문서를 재증명하여 내주어야 한다. 다만, 청구인이 분실 등의 사유로 내용문서를 제출하기 어려운 경우에는 우체국에서 보관 중인 내용문서를 복사한 후 재증명하여 내줄 수 있다. 〈개정 2018. 2. 19.〉

③제49조·제50조·제52조제1항 내지 제3항 및 제53조의 규정은 제1항의 규정에 의한 재증명의 청구에 관하여 이를 준용한다.

제55조(등본의 열람청구) 내용증명우편물의 발송인 또는 수취인은 우편물을 발송한 다음 날부터 3년까지는 발송우체국에 특수우편물수령증·주민등록증등의 관계자료를 내보여 동 우편물의 발송인 또는 수취인임을 입증하고 내용문서 등본의 열람을 청구할 수 있다.

제56조 삭제 〈2014. 12. 4.〉

제57조(배달증명의 표시) 제25조제1항제4호 다목의 규정에 의한 배달증명우편물에는 발송인이 그 표면의 보기 쉬운 곳에 "배달증명"의 표시를 하여야 한다. 〈개정 1997. 12. 31.〉

제58조(배달증명서의 송부) 배달증명우편물을 배달한 때에는 발송인에게 배달증명서를 우편으로 송부한다. 다만, 발송인이 원하는 경우에는 정보통신망을 통한 전자적 방법으로 송부할 수 있다. 〈개정 2005. 8. 4.〉

제59조(발송후 배달증명 청구) 등기우편물의 발송인 또는 수취인은 우편물을 발송한 다음날부터 1년까지는 우체국에 당해 특수우편물 수령증·주민등록증등의 관계자료를 내보여 동 우편물의 발송인 또는 수취인임을 입증하고 그 배달증명을 청구할 수 있다. 다만, 내용증명우편물에 대한 배달증명의 청구기간은 우편물을 발송한 다음 날부터 3년까지로 한다. 〈개정 1999. 1. 21., 2001. 4. 20.〉

제6관 특급취급 〈개정 1997. 12. 31.〉

제60조 삭제 〈2010. 9. 1.〉

제61조(국내특급우편) ①제25조제1항제5호에 따른 국내특급우편물에는 발송인이 그 표면의 보기 쉬운 곳에 "국내특급"의 표시를 하여야 한다. 〈개정 1997. 12. 31., 2010. 9. 1.〉

② 삭제 〈2014. 12. 4.〉

③국내특급우편물의 배달은 다음 각 호의 기준에 따른다. 〈개정 2006. 2. 9., 2014. 12. 4., 2018. 2. 19.〉

1. 도착된 특급우편물은 가장 빠른 배달편에 배달한다.

2. 수취인의 부재등의 사유로 1회에 배달하지 못한 특급우편물을 다시 배달하는 경우 2회째에는 제1호에 따른 배달의 예에 따르고, 3회째에는 통상적인 배달의 예에 따른다.

3. 수취인의 거주이전등으로 배달하지 못한 특급우편물을 전송하거나, 성명·주소등의 불명으로 반환하는 경우에는 전송 또는 반환하는 날의 다음날까지 송달한다.

④ 삭제 〈1997. 12. 31.〉

⑤ 삭제 〈1997. 12. 31.〉

⑥국내특급우편물의 취급지역·취급우체국·취급시간 그 밖에 필요한 사항은 관할지방우정청장이 정하여 고시한다. 〈개정 1995. 12. 30., 1997. 12. 31., 2014. 12. 4.〉

제61조의2 삭제 〈2010. 9. 1.〉

제7관 특별송달 〈개정 1997. 12. 31.〉

제62조(특별송달) ①다른 법령에 의하여 「민사소송법」이 정하는 방법으로 송달하여야 할 서류를 내용으로 하는 등기통상우편물은 이를 제25조제1항제6호의 규정에 의한 특별송달로 할 수 있다. 〈개정 1997. 12. 31., 2005. 8. 4.〉

②특별송달우편물을 발송할 때에는 그 표면의 왼쪽 중간에 "특별송달"의 표시를 하고, 그 뒷면에 송달상 필요한 사항을 기재한 우편송달통지서용지를 첨부하여야 한다.

제63조(특별송달우편물의 배달) ①특별송달우편물을 배달하는 때에는 우편송달통지서의 해당란에 수령인의 서명(전자서명을 포함한다) 또는 날인을 받아야 한다. 〈개정 2005. 8. 4.〉

②특별송달우편물의 수령을 거부하는 때에는 다음 각호의 1에 해당하는 경우를 제외하고는 그 장소에 우편물을 두어 유치송달할 수 있다.

1. 수취인의 장기간 부재등으로 대리수령인이 그 우편물을 수취인에게 전달할 수 없는 사유가 입증된 경우

2. 우편물에 기재된 주소지에 수취인이 사실상 거주하지 아니하는

경우

③특별송달우편물을 배달한 때에는 배달우체국에서 당해우편물에 첨부된 우편송달통지서에 송달에 관한 사실(제2항의 경우에는 유치송달의 사유 또는 제2항 각호의 사유를 포함한다)을 기재하여 발송인에게 등기우편으로 송부하여야 한다. 다만, 발송인이 원하는 경우에는 정보통신망을 통한 전자적 방법으로 송부할 수 있다. 〈개정 2005. 8. 4.〉

제8관 민원우편 〈신설 1997. 12. 31.〉

제64조(민원우편물) ①제25조제1항제7호의 규정에 의한 민원우편에 의하여 민원서류를 발급받고자 하는 자는 민원서류의 발급에 필요한 서류와 발급수수료를 우정사업본부장이 발행하는 민원우편발송용 봉투에 함께 넣어 발송하여야 한다. 다만, 정보통신망을 통하여 민원서류를 발급받고자 하는 경우에는 우정사업본부장이 따로 정하는 방법에 의한다. 〈개정 1995. 12. 30., 1997. 12. 31., 2001. 4. 20., 2005. 8. 4.〉

②민원서류를 발급한 기관은 발급된 민원서류와 민원인으로부터 우편으로 송부된 통화중에서 발급수수료를 뺀 잔액의 통화를 우정사업본부장이 발행하는 민원우편회송용 봉투에 함께 넣어 회송해야 한다. 〈개정 1995. 12. 30., 2001. 4. 20., 2022. 1. 4.〉

③민원우편물을 발송·회송 및 배달하는 경우에는 국내특급우편물로 취급하여야 한다. 민원우편물을 수취인부재등의 사유로 배달하지 못하여 다시 배달하는 경우 및 배달하지 못한 민원우편물을 전송 또는 반

환하는 경우에도 또한 같다. 〈개정 2006. 2. 9., 2018. 2. 19.〉

제65조(민원우편물의 금액표기) 제64조제1항 및 제2항의 규정에 의하여 통화를 발송하거나 회송하는 경우에는 그 민원우편의 발송용봉투 또는 회송용봉투의 해당란에 그 금액을 기재하여야 한다.

제9관 삭제 〈2014. 12. 4.〉

제66조 삭제 〈2014. 12. 4.〉

제67조 삭제 〈1997. 12. 31.〉

제68조 삭제 〈1997. 12. 31.〉

제10관 팩스우편 〈개정 2022. 1. 4.〉

제69조(팩스우편) ① 제25조제1항제9호에 따른 팩스우편물을 우체국에서 발송하려는 자는 통신문 및 수취인 성명 등 팩스에 필요한 사항을 우체국에 제출해야 한다. 〈개정 2010. 9. 1., 2022. 1. 4.〉

② 우체국은 발송인으로부터 제출 받은 통신문을 전송한 후에는 발송인에게 돌려주어야 한다. 〈개정 2010. 9. 1.〉

③팩스우편의 취급지역·취급우체국 기타 필요한 사항은 우정사업본부장이 정하여 고시한다. 〈개정 1995. 12. 30., 1997. 12. 31., 2001. 4. 20., 2022. 1. 4.〉

[제목개정 2022. 1. 4.]

제70조 삭제 〈2014. 12. 4.〉

제11관 우편주문판매 〈신설 1997. 12. 31.〉

第70조의2(우편주문판매의 신청) 第25조제1항제10호에 따른 우편주문판매로 물품을 구매하려는 자는 우체국 창구, 정보통신망 또는 방송채널 등을 통하여 주문신청을 하고 그 대금을 지급하여야 한다. 〈개정 1999. 1. 21., 2015. 7. 21.〉

[본조신설 1997. 12. 31.]

第70조의3(우편주문판매 취급조건 등) 우정사업본부장은 우편주문판매로 취급하는 물품의 종류 및 주문방법 등에 관하여 필요한 사항을 인터넷 홈페이지 등에 게시하여야 한다.

[전문개정 2015. 7. 21.]

제12관 광고우편 〈신설 1997. 12. 31.〉

第70조의4(광고우편의 광고금지) 다음 각호의 1에 해당하는 광고는 이를 광고우편으로 게재할 수 없다.

1. 공공의 질서와 선량한 풍속을 저해하는 광고
2. 국민의 건전한 소비생활을 저해하는 광고
3. 우편사업에 지장을 주는 광고
4. 특정단체의 정치적 목적을 위한 광고
5. 과대 또는 허위의 광고

[본조신설 1997. 12. 31.]

第70조의5(광고우편의 이용조건) 광고우편의 이용조건등 역무제공에 관하여 필요한 사항은 우정사업본부장이 정한다. 〈개정 2001. 4. 20.〉

[본조신설 1997. 12. 31.]

제13관 전자우편 〈신설 1997. 12. 31.〉

제70조의6(전자우편의 접수) 제25조제1항제12호의 규정에 의한 전자우편은 우정사업본부장이 정하는 방식에 따라 우체국 창구 또는 정보통신망 등을 이용하여 접수하여야 한다.

[전문개정 2005. 8. 4.]

제70조의7(전자우편물의 취급조건) 전자우편물의 인쇄·봉함 및 배달등 취급조건에 관하여는 우정사업본부장이 이를 정하여 고시한다. 〈개정 2001. 4. 20.〉

[본조신설 1997. 12. 31.]

제14관 그 밖의 선택적 우편역무 〈신설 1997. 12. 31., 2011. 12. 2.〉

제70조의8(우편물 방문접수의 이용조건) 제25조제1항제13호의 규정에 의한 우편물 방문접수의 대상우편물·통수 및 취급우체국등 우편물 방문접수에 관하여 필요한 사항은 우정사업본부장이 정하여 고시한다. 〈개정 2001. 4. 20.〉

[본조신설 1997. 12. 31.]

제70조의9(우편용품의 조제·판매) 우정사업본부장은 우편이용자의 편의를 도모하기 위하여 특수취급에 필요한 봉투 또는 우편물 포장상자등 우편관련 용품을 조제·판매할 수 있다. 〈개정 2001. 4. 20.〉

[본조신설 1997. 12. 31.]

제70조의10 삭제 〈2014. 12. 4.〉

제70조의11(착불배달의 취급범위 및 배달방법) 제25조제1항제16호

에 따른 착불배달의 취급범위 및 배달방법 등에 관하여 필요한 사항은 우정사업본부장이 정하여 고시한다.

[본조신설 2010. 9. 1.]

제70조의12(계약등기의 종류 및 취급관서) 제25조제1항제17호에 따른 계약등기의 종류, 취급관서 및 이용조건 등에 관하여 필요한 사항은 우정사업본부장이 정하여 고시한다.

[본조신설 2010. 9. 1.]

제70조의13(회신우편의 회신방법) 제25조제1항제18호에 따른 회신우편의 회신방법 등에 관하여 필요한 사항은 우정사업본부장이 정하여 고시한다.

[본조신설 2010. 9. 1.]

제70조의14(본인지정배달의 배달방법) 제25조제1항제19호에 따른 본인지정배달의 배달방법 등에 관하여 필요한 사항은 우정사업본부장이 정하여 고시한다.

[본조신설 2010. 9. 1.]

제70조의15(우편주소 정보제공의 방법) 제25조제1항제20호에 따른 우편주소 정보제공의 방법 등에 관하여 필요한 사항은 우정사업본부장이 정하여 고시한다.

[본조신설 2010. 9. 1.]

제70조의16(우편물 반환 정보 제공의 방법) 제25조제1항제21호에 따른 우편물의 반환 정보 제공의 방법 등에 관하여 필요한 사항은 우정사업본부장이 정하여 고시한다. 〈개정 2018. 2. 19.〉

[본조신설 2015. 7. 21.]

[제목개정 2018. 2. 19.]

제70조의17(선거우편의 취급 및 배달) ① 제25조제1항제22호에 따른 선거우편(이하 이 조에서 "선거우편"이라 한다)은 우정사업본부장이 정하여 고시하는 우체국에서 접수한다.

② 선거우편의 취급절차 및 발송방법 등에 관하여 선거 또는 투표 관련 법령에서 특별히 정하는 경우를 제외하고는 우정사업본부장이 정한다.

[본조신설 2016. 3. 16.]

제70조의18(복지우편의 이용조건) 제25조제1항제23호에 따른 복지우편의 이용조건 등에 관하여 필요한 사항은 우정사업본부장이 정하여 고시한다.

[본조신설 2024. 7. 24.]

제70조의19(국제우편 연계 서비스의 이용조건) 제25조제1항제24호에 따른 국제우편 연계 서비스의 이용조건 등에 관하여 필요한 사항은 우정사업본부장이 정하여 고시한다.

[본조신설 2024. 7. 24.]

제3장 우편에 관한 요금 〈개정 1997. 12. 31.〉

제1절 우표류의 관리 및 판매

제71조(우표류의 판매기관등) ①우표류는 우체국과 다음 각 호의 자가 판매한다. 〈개정 2001. 4. 20., 2014. 12. 4.〉

1. 우표류를 판매하고자 하는 장소의 소재지를 관할하는 우체국장(열차 또는 선박에서 우표류를 판매하고자 하는 자는 그 시발지, 종

착지 또는 선적항을 관할하는 우체국장)과 국내에서의 우표류판매업무에 관한 계약을 체결한 자(이하 "국내판매인"이라 한다)

2. 우정사업본부장과 국내에서의 우표류 수집 및 취미우표등을 보급하는 업무(이하 "우취보급업무"라 한다)에 관한 계약을 체결한 자(이하 "국내보급인"이라 한다)

3. 우정사업본부장과 해외에서의 우취보급업무에 관한 계약을 체결한 자(이하 "국외보급인"이라 한다)

② 삭제 〈2014. 12. 4.〉

[전문개정 1997. 12. 31.]

제71조의2(국내판매인등의 자격요건) ①국내판매인이 되고자 하는 자는 다음 각호의 요건을 갖추어야 한다.

1. 우표류를 일반공중에게 판매하는 것을 목적으로 할 것

2. 계약신청일전 1년이내에 제81조제1항의 규정에 의한 계약해지를 받은 사실이 없을 것

3. 삭제 〈2014. 12. 4.〉

②제1항의 요건을 갖춘 자로서 「장애인복지법」 제2조의 규정에 의한 장애인 또는 65세이상인 자가 국내 우표류판매업무계약을 신청하는 경우에는 우선적으로 계약할 수 있다. 〈개정 2005. 8. 4.〉

③국내보급인은 우표문화의 향상과 우취보급업무를 목적으로 설립된 법인으로 한다.

④국외보급인은 다음 각호의 1에 해당하는 자로 한다. 〈개정 2001. 4. 20.〉

1. 국외에 우표류 거래처를 100개소이상 가진 자로서 국외에서

우표류 및 우표류를 소재로 한 작품을 연간 미합중국통화 5만달러 이상 판매한 실적이 있는 자

2. 국외에 지사를 5개소이상 가진 수출업자로서 연간 미합중국통화 1천만달러이상 수출실적이 있는 자

3. 우표문화의 향상과 우취보급업무를 위하여 우정사업본부장이 필요하다고 인정하는 법인 또는 단체

[본조신설 1997. 12. 31.]

제72조 삭제 〈2014. 12. 4.〉

제73조 삭제 〈2014. 12. 4.〉

제74조 삭제 〈2014. 12. 4.〉

제75조 삭제 〈2014. 12. 4.〉

제76조 삭제 〈2014. 12. 4.〉

제76조의2(우표류의 정가판매등) ①우표류는 제76조의3의 규정에 의한 할인판매의 경우외에는 정가로 판매하여야 한다. 〈개정 2001. 4. 20., 2024. 7. 24.〉

②우표류의 판매기관에서 판매한 우표류에 대하여는 환매 또는 교환의 청구를 할 수 없다. 다만, 다음 각호의 1에 해당하는 경우에는 동일한 금액에 해당하는 우표류로 교환의 청구를 할 수 있다. 〈개정 2001. 4. 20.〉

1. 사용하지 아니한 우표류로서 더럽혀지거나 헐어 못쓰게 되지 아니한 경우

2. 우편요금이 표시된 인영외의 부분이 더럽혀지거나 헐어 못쓰게 되어 사용하지 아니한 우편엽서 및 항공서간으로서 우정사업본부장

이 고시하는 교환금액을 납부한 경우. 이 경우 헐어 못쓰게 된 경우에는 그 남은 부분이 3분의 2이상이어야 한다.

③제2항 단서의 규정에 의하여 교환을 청구하고자 하는 자는 교환청구서에 교환하고자 하는 우표·우편엽서 또는 항공서간을 첨부하여 우체국에 제출하여야 한다.

[본조신설 1997. 12. 31.]

제76조의3(우표류의 할인판매등) ①우체국은 별정우체국·우편취급국 및 판매인에게, 별정우체국은 우편취급국 및 국내판매인에게 우표류를 할인하여 판매할 수 있다. 〈개정 2014. 12. 4.〉

②제1항에 따른 우표류의 할인율은 다음 각 호의 범위에서 우정사업본부장이 정하여 고시한다. 〈개정 2001. 4. 20., 2014. 12. 4.〉

1. 별정우체국·우편취급국·국내판매인 및 국내보급인 : 월간 매수액의 100분의 15이내

2. 국외보급인 : 매수액의 100분의 50이내

③제1항에 따라 할인하여 판매한 우표류는 다음 각호의 어느 하나에 해당하는 우표류에 한하여 환매 또는 교환할 수 있다. 〈개정 2014. 12. 4.〉

1. 판매를 폐지한 우표류

2. 판매에 부적합한 우표류

3. 고의 또는 과실에 의하지 아니하고 더럽혀 못쓰게 된 우표류

④우정사업본부장은 제3항에도 불구하고 우표류의 원활한 보급을 위하여 특히 필요하다고 인정하는 경우에는 국내보급인 또는 국외보급인이 할인매수한 우표류를 교환할 수 있다. 〈개정 2001. 4. 20.,

2014. 12. 4.〉

⑤판매인이 계약을 해지하거나 사망한 때에는 본인 또는 상속인은 그 잔여 우표류에 대하여 매수당시의 실제매수가액으로 계약우체국(국내보급인 및 국외보급인의 경우에는 우표류를 매수한 우체국)에 그 환매를 청구할 수 있다.

[본조신설 1997. 12. 31.]

제77조 삭제 〈2014. 12. 4.〉

제78조 삭제 〈2014. 12. 4.〉

제79조(별정우체국등의 우표류판매장소) 별정우체국 및 우편취급국은 매수한 우표류를 각각 해당 별정우체국 및 우편취급국의 창구에서만 판매하여야 한다. 〈개정 2014. 12. 4.〉

제80조(통신판매) ①우정사업본부장은 우표류를 수집하는 자의 구입편의를 위하여 새로 발행하는 우표류를 통신판매할 수 있다. 〈개정 1995. 12. 30., 2001. 4. 20.〉

②수취인의 주소불명등으로 배달할 수 없는 통신판매우표류는 법 제36조의 규정을 준용하여 처리한다.

제81조(우표류 판매업무계약의 해지) ① 계약우체국장은 국내판매인이 다음 각 호의 어느 하나에 해당하는 때에는 그 계약을 해지할 수 있다. 〈개정 2014. 12. 4., 2024. 7. 24.〉

1. 제71조제1항제1호에 따른 계약을 위반한 경우

2. 제71조의2제1항에 따른 자격요건에 미달하게 된 경우

3. 제76조의2제1항에 따른 정가를 위반하여 우표류를 판매한 경우

② 우정사업본부장은 국내보급인 또는 국외보급인이 다음 각 호의

어느 하나에 해당하는 경우에는 그 계약을 해지할 수 있다. 〈개정 2014. 12. 4.〉

1. 제71조제1항제2호 및 제3호에 따른 계약을 위반한 경우

2. 제71조의2제3항 및 제4항에 따른 자격요건에 미달하게 된 경우

3. 제1항제3호에 해당하는 경우

[전문개정 1997. 12. 31.]

제82조(우표류의 관리등) ①우표류는 우정사업본부장이 지정하는 물품출납공무원 또는 물품운용관이 이를 관리한다. 〈개정 2001. 4. 20.〉

②제1항의 규정에 의한 물품출납공무원 또는 물품운용관이 관리하는 우표류를 망실한 때에는 그 정가에 해당하는 금액을, 더럽혀지거나 헐어 못쓰게 된 때에는 그 조제에 소요된 실비액을 변상하여야 한다.

③우표류의 출납·보관 기타 처분등에 관하여 필요한 사항은 우정사업본부장이 정한다. 〈개정 2001. 4. 20.〉

[전문개정 1997. 12. 31.]

제82조의2(우표류의 기증 및 사용) ①우정사업본부장은 국제협력의 증진과 정보통신사업의 발전 및 우표문화의 보급등을 위하여 특히 필요하다고 인정하는 때에는 우표류 및 시험인쇄한 우표를 기증할 수 있다. 〈개정 1999. 1. 21., 2001. 4. 20.〉

②우표류는 그 조제를 위한 자료로 사용하거나 판매를 위한 견본으로 사용할 수 있다.

③제1항의 규정에 의한 우표류의 기증에 관하여 필요한 사항은 우정사업본부장이 정한다. 〈개정 2001. 4. 20.〉

[본조신설 1997. 12. 31.]

제2절 수수료

제83조(우편역무수수료의 부가) 제25조제3항의 규정에 의하여 우편역무에 다른 우편역무를 부가한 경우에는 그 부가한 우편역무의 수수료를 가산하여 납부하여야 한다. 〈개정 2011. 12. 2.〉

[전문개정 1997. 12. 31.]

[제목개정 2011. 12. 2.]

제84조(반환취급수수료) ①영 제11조제2호에 따라 등기우편물을 반환하는 경우에는 발송인으로부터 반환취급수수료를 징수한다. 다만, 배달증명우편물·특별송달우편물·민원우편물 및 회신우편물의 경우에는 그러하지 아니하다. 〈개정 2010. 9. 1., 2018. 2. 19.〉

②등기우편물의 반환 도중 반환취급수수료의 변동이 있는 경우에는 해당 등기우편물이 발송인의 주소지 배달우체국에 도착한 날을 기준으로 하여 이를 징수한다. 〈개정 2010. 9. 1., 2018. 2. 19.〉

③제1항의 규정에 불구하고 우체국과 발송인과의 사전계약에 따라 발송하는 소포우편물 및 계약등기우편물을 반환하는 경우에는 그 계약에서 정한 반환취급수수료를 징수한다. 〈신설 2005. 8. 4., 2010. 9. 1., 2018. 2. 19.〉

[제목개정 2018. 2. 19.]

제3절 우편요금등의 감액

제85조(우편요금등의 감액대상우편물) 법 제26조의2제2항에 따라

법 제19조에 따른 요금등(이하 "우편요금등"이라 한다)을 감액할 수 있는 우편물의 종류 및 수량은 다음과 같다. 〈개정 2001. 4. 20., 2010. 9. 1., 2011. 12. 2., 2014. 12. 4.〉

1. 통상우편물

가. 「신문 등의 진흥에 관한 법률」 제2조제1호에 따른 신문(그와 관련된 호외·부록 또는 증간을 포함한다)과 「잡지 등 정기간행물의 진흥에 관한 법률」 제2조제1호가목·나목 및 라목의 정기간행물(그와 관련된 호외·부록 또는 증간을 포함한다) 중 발행주기를 일간·주간 또는 월간으로 하여 월 1회 이상 정기적으로 발송하는 것으로서 중량과 규격이 같은 요금별납 또는 요금후납 일반우편물. 다만, 우정사업본부장이 공공성·최소발송부수 및 광고게재한도 등을 고려하여 고시하는 기준에 미달하는 것은 제외한다.

나. 표지를 제외한 쪽수가 48쪽이상인 책자의 형태로 인쇄·제본되어 발행인·출판사 또는 인쇄소의 명칭중 어느 하나와 쪽수가 각각 표시되어 발행된 서적으로서 요금별납 또는 요금후납 일반우편물(상품의 선전 및 그에 관한 광고가 전지면의 10분의 1을 초과하는 것을 제외한다)

다. 우편물의 종류와 중량 및 규격이 같은 우편물로서 우정사업본부장이 정하여 고시하는 수량(이하 "감액기준 수량"이라 한다) 이상 발송하는 요금별납 또는 요금후납 일반우편물

라. 「비영리민간단체지원법」 제4조에 따라 등록된 비영리민간단체가 공익활동을 위하여 발송하는 요금별납 또는 요금후납 일반우편물

마. 삭제 <2024. 7. 24.>

바. 감액기준 수량 이상 발송하는 요금별납 또는 요금후납 등기우편물

사. 상품의 광고에 관한 우편물로서 종류와 규격이 같고 감액기준 수량 이상 발송하는 요금별납 또는 요금후납 일반우편물

아. 영 제3조제4호에 해당하는 상품안내서로서 중량과 규격이 같고, 감액기준 수량 이상 발송하는 요금후납 일반우편물

2. 소포우편물

가. 우체국 창구에서 접수하는 우편물로서 감액기준 수량 이상 발송하는 일반 또는 등기 우편물

나. 발송인을 방문하여 접수하는 우편물로서 감액기준 수량 이상 발송하는 등기우편물

다. 삭제 <2014. 12. 4.>

[제목개정 2001. 4. 20.]

제86조(우편요금등의 감액요건) ①제85조제1호 가목에 해당하는 우편물에 대하여 우편요금의 감액을 받고자 하는 자는 우정사업본부장이 정하여 고시하는 바에 따라 우체국과 우편물정기발송계약을 체결하고 그 계약내용에 적합하도록 우편물을 제출하여야 한다. <개정 1995. 12. 30., 2001. 4. 20.>

②제85조제1호 나목 및 다목에 해당하는 우편물에 대하여 우편요금의 감액을 받고자 하는 자는 우정사업본부장이 정하여 고시하는 요건에 적합하도록 하여 지정된 우체국에 우편물을 제출하여야 한다. <개정 1995. 12. 30., 2001. 4. 20.>

③제85조제1호 라목에 해당하는 우편물에 대하여 우편요금의 감액을 받고자 하는 자는 우정사업본부장이 정하여 고시하는 요건에 적합하도록 하여 비영리 민간단체 등록증 사본을 우체국에 제출하여야 한다. 〈개정 1995. 12. 30., 2001. 4. 20., 2010. 9. 1.〉

④제85조제1호사목 또는 아목에 해당하는 우편물에 대하여 우편요금의 감액을 받고자 하는 자는 우정사업본부장이 정하여 고시하는 요건에 적합하도록 하여 지정된 우체국에 우편물을 제출하여야 한다. 〈신설 1997. 12. 31., 2001. 4. 20., 2005. 8. 4., 2014. 12. 4., 2024. 7. 24.〉

⑤제85조제1호 바목에 해당하는 우편물에 대하여 우편요금등의 감액을 받고자 하는 자는 우편물접수목록을 작성하여 우편물과 함께 우체국에 제출하는 등 우정사업본부장이 정하여 고시하는 요건에 적합한 방법에 의하여야 한다. 〈신설 2001. 4. 20.〉

⑥제85조제2호 가목에 해당하는 우편물에 대한 우편요금 등의 감액요건은 우정사업본부장이 정하여 고시하며, 우편요금등의 감액을 받고자 하는 자는 우정사업본부장이 정하여 고시하는 우체국에 우편물을 제출하여야 한다. 〈개정 1995. 12. 30., 2001. 4. 20., 2010. 9. 1., 2020. 2. 17.〉

⑦제85조제2호나목에 해당하는 우편물에 대한 우편요금등의 감액요건은 우정사업본부장이 정하여 고시한다. 〈신설 2001. 4. 20., 2010. 9. 1., 2014. 12. 4.〉

⑧발송인이 제출한 우편물이 제1항부터 제7항까지의 규정에 따른 요건에 적합하지 아니하는 때에는 발송우체국장은 그 요건에 적합하

도록 시정을 요구할 수 있으며 발송인이 이를 거절하는 때에는 우편물의 전부 또는 일부에 대하여 그 우편요금등을 감액하지 아니할 수 있다. 〈개정 1997. 12. 31., 2001. 4. 20., 2014. 12. 4.〉

[제목개정 2001. 4. 20.]

제87조(우편요금등의 감액의 범위) ①제85조제1호 가목 또는 나목에 해당하는 우편물로서 제86조제1항 또는 제2항에 따른 요건을 갖춘 우편물에 대한 우편요금감액은 우정사업본부장이 정하여 고시한다. 〈개정 1995. 12. 30., 2001. 4. 20., 2014. 12. 4.〉

②제85조제1호 다목·라목 또는 사목에 해당하는 우편물로서 각각 제86조제2항부터 제4항까지의 규정에 따른 요건을 갖춘 우편물에 대한 우편요금감액률은 납부하여야 할 요금의 100분의 75의 범위안에서 우정사업본부장이 정하여 고시한다. 〈개정 1995. 12. 30., 1999. 7. 20., 2001. 4. 20., 2005. 8. 4., 2014. 12. 4.〉

③제85조제1호바목 또는 아목에 해당하는 우편물로서 제86조제4항 또는 제5항에 따른 요건을 갖춘 우편물에 대한 우편요금감액은 우정사업본부장이 정하여 고시한다. 〈신설 1997. 12. 31., 2001. 4. 20., 2014. 12. 4., 2024. 7. 24.〉

④제85조제2호 가목에 해당하는 우편물로서 제86조제6항에 따른 요건을 갖춘 우편물에 대한 우편요금등의 감액률은 납부하여야 할 우편요금등의 100분의 75의 범위안에서 우정사업본부장이 정하여 고시한다. 〈개정 2001. 4. 20., 2010. 9. 1., 2014. 12. 4.〉

⑤제85조제2호나목에 해당하는 우편물로서 제86조제7항에 따른 요건을 갖춘 우편물에 대한 우편요금등의 감액률은 우정사업본부장이

정하여 고시한다. 〈신설 2001. 4. 20., 2010. 9. 1., 2014. 12. 4.〉

⑥제1항부터 제5항까지의 규정에 따른 우편요금등의 감액의 계산에 있어서 10원미만의 단수는 이를 계산하지 아니한다. 〈개정 1997. 12. 31., 2001. 4. 20., 2014. 12. 4.〉

⑦감액할 우편요금이 이미 납부된 때에는 우체국장은 다음에 납부하여야 할 우편요금에서 이를 차감할 수 있다.

[제목개정 2001. 4. 20.]

제3절의2 우편요금의 납부방법 〈신설 2020. 6. 16.〉

제87조의2(우편요금의 납부방법) ① 법 제20조제6호에서 "우편요금이 인쇄된 라벨 등 과학기술정보통신부령으로 정하는 납부방법"이란 우편요금의 납부 용도로 우편요금이 인쇄되어 있는 라벨로서 우편물에 부착하는 라벨(이하 "선납라벨"이라 한다)을 말한다.

② 선납라벨의 종류 및 취급방법은 우정사업본부장이 정한다.

[본조신설 2020. 6. 16.]

제4절 우편요금등 납부의 특례

제1관 삭제 〈2018. 2. 19.〉

제88조 삭제 〈2018. 2. 19.〉

제89조 삭제 〈2018. 2. 19.〉

제2관 우편요금표시기의 사용 〈개정 2019. 2. 8.〉

제90조(우편요금표시기의 사용신청 등) ①영 제26조제1항의 규정에

의하여 우편요금표시기(이하 "표시기"라 한다)를 사용해 우편물을 발송하려는 자는 사전에 발송우체국장으로부터 인영번호를 부여받아 그 인영번호가 표시된 표시기와 다음 각 호의 사항을 기재 또는 첨부한 신청서를 발송우체국장에게 제출하여야 한다. 〈개정 2019. 2. 8.〉

1. 표시기의 명칭 · 구조 및 조작방법
2. 표시기인영번호
3. 발송우체국명
4. 발송인의 성명 · 주소와 우편번호
5. 표시기인영의 견본 10매

②제1항제5호의 표시기인영 견본은 다음 각호의 사항이 선명히 표시되어야 한다. 〈개정 2019. 2. 8.〉

1. 우편요금등
2. 발송우체국명
3. 발송연월일
4. 표시기인영번호

[전문개정 1997. 12. 31.]

[제목개정 2019. 2. 8.]

제91조(표시기의 사용) 표시기를 사용하는 자는 사용 시 발송우체국장의 지시사항을 지켜야 한다. 〈개정 2019. 2. 8.〉

[전문개정 1997. 12. 31.]

[제목개정 2019. 2. 8.]

제92조(표시기사용우편물의 발송) ①표시기사용우편물에는 그 발송인이 우편물 표면의 오른쪽 윗부분에 표시기로 인영을 선명히 표시

하여야 한다. <개정 2019. 2. 8.>

②표시기사용우편물을 발송하는 때에는 표시기별납우편물발송표(이하 "발송표"라 한다)에 다음 각호의 사항을 기재하여 발송우체국에 제출하여야 한다. <개정 2019. 2. 8.>

1. 표시기의 번호와 명칭
2. 발송통수 및 요금(수수료를 포함한다. 이하 이 조에서 같다)
3. 표시기의 전회요금표시액
4. 표시기의 금회요금표시액
5. 사용하지 아니한 인영증지 · 인영봉투등의 매수와 합계금액
6. 발송일자
7. 발송인의 성명 · 주소

③표시기사용우편물의 발송인은 표시기사용우편물의 요금으로서 제2항제3호 및 제4호의 표시액의 차액을 현금으로 납부하여야 한다. 다만, 잘못 표시되거나 기타 부득이한 사정으로 요금납부에 사용하지 아니한 인영증지 · 인영봉투등이 있는 경우에는 그 표시된 금액을 납부할 요금에서 공제하여야 한다. 이 경우 사용하지 아니한 인영증지 · 인영봉투등을 발송표에 첨부하여야 한다. <개정 2019. 2. 8.>

④표시기에 의하여 표시된 금액이 납부할 요금보다 부족한 때에는 그 부족액에 해당하는 우표를 붙여야 한다. <개정 2019. 2. 8.>

⑤표시기사용우편물에는 제4항의 우표를 소인하는 경우를 제외하고는 우편날짜도장을 찍지 않는다. <개정 2014. 12. 4., 2019. 2. 8.>

⑥제2항 및 제3항의 규정에 불구하고 발송우체국에 정보통신망을 통하여 발송내역을 통보하고 요금을 별도로 납부하는 표시기를 이용

하여 우편물을 발송하는 경우 그 발송조건 및 요금납부등에 관한 사항은 우정사업본부장이 정하여 고시한다. 〈신설 1997. 12. 31., 2001. 4. 20., 2005. 8. 4., 2019. 2. 8.〉

[제목개정 2019. 2. 8.]

제93조(다량의 표시기사용우편물) ①다량의 표시기사용우편물을 특수취급으로 하고자 할 때에는 발송우체국에서 교부하는 특수우편물 수령증 및 그 원부에 발송인 및 수취인의 성명 · 주소와 기타 필요한 사항을 기재하여 제출하여야 한다. 〈개정 2019. 2. 8.〉

② 발송우체국장은 다량의 표시기사용우편물의 발송인에게 그 취급장소를 따로 지정하거나 우편물의 종류별 · 지역별 또는 수취인 주소지의 우편번호별로 구분하여 발송하게 할 수 있다. 〈개정 2018. 2. 19., 2019. 2. 8.〉

[제목개정 2019. 2. 8.]

제93조의2(표시기 사용계약의 해지) 발송우체국장은 표시기의 사용자가 다음 각 호의 어느 하나에 해당하는 때에는 그 이용계약을 해지할 수 있다. 〈개정 2019. 2. 8.〉

1. 표시기를 부정하게 사용한 때
2. 표시기의 인영을 위조 또는 변조하여 사용한 때
3. 표시기의 인영을 분실하고 이를 즉시 통보하지 않은 때
4. 우편요금등의 납부를 게을리 한 때

[본조신설 1997. 12. 31.]

[제목개정 2019. 2. 8.]

제3관 우편요금 수취인 부담

제94조(우편요금등의 수취인 부담의 이용신청) ① 영 제29조제1항제1호에 따른 우편요금등의 수취인 부담(이하 "요금수취인부담"이라 한다)의 이용신청, 우편물 표시·발송 등에 관한 사항은 우정사업본부장이 정하여 고시한다. 〈개정 2020. 2. 17.〉

② 배달우체국장은 요금수취인부담과 관련된 우편요금등의 변동이 생긴 경우에는 제98조의2제2항에 따라 담보금액을 증감해야 한다. 〈개정 2020. 2. 17.〉

③요금수취인부담우편물의 발송유효기간은 이용일부터 2년을 초과할 수 없다. 다만, 국가기관·지방자치단체 또는 공공기관의 경우에는 그러하지 아니하다. 〈개정 1997. 12. 31., 2010. 9. 1., 2020. 2. 17.〉

[제목개정 2005. 8. 4.]

제95조 삭제 〈2020. 2. 17.〉

제96조 삭제 〈2020. 2. 17.〉

제97조(요금수취인부담 이용계약의 해지) ①배달우체국장은 요금수취인부담의 이용계약자가 다음 각호의 1에 해당하는 때에는 그 이용계약을 해지할 수 있다.

1. 제94조제2항의 규정에 의한 통보를 게을리 한 때
2. 정당한 사유없이 요금수취인부담우편물의 수취를 거부한 때
3. 수취인의 부재 기타 사유로 수취장소에 1월이상 배달할 수 없을 때
4. 2월이상 요금수취인부담우편물을 이용하지 아니한 때

5. 제102조제1항제2호의 규정에 해당되어 요금후납 이용계약을 해지한 때

②요금수취인부담을 이용하는 자가 요금수취인부담 이용계약을 해지하고자 할 때에는 해지하기 15일전까지 배달우체국에 해지통보를 하여야 한다.

③제1항 또는 제2항의 규정에 의한 요금수취인부담 이용계약의 해지이후 발송유효기간내에 발송된 우편물은 수취인에게 배달하여야 한다. 이 경우 수취인은 우편물의 수취를 거부할 수 없다.

④제3항의 규정에 의하여 요금수취인부담의 이용계약이 해지된 우편물을 수취인에게 배달한 경우에는 제98조의2제1항의 규정에 의한 보증금에서 당해우편물의 우편요금등을 뺀 금액을 당해우편물의 발송유효기간이 만료된 후 신청인에게 환급한다.

[전문개정 1997. 12. 31.]

제4관 우편요금 후납

제98조(우편요금등의 후납) ①영 제30조에 따라 우편요금등의 후납(이하 "요금후납"이라 한다)을 할 수 있는 우편물은 다음 각 호와 같다. 다만, 국가 또는 지방자치단체에서 발송하는 우편물은 발송우체국장이 그 후납조건을 따로 정할 수 있다. 〈개정 2018. 2. 19., 2019. 2. 8., 2022. 1. 4.〉

1. 동일인이 매월 100통이상 발송하는 우편물

2. 법 제32조에 따른 반환우편물 중 요금후납으로 발송한 등기우편물

3. 삭제 〈2010. 9. 1.〉

4. 제25조제1항제9호에 따른 팩스우편물

5. 제25조제1항제12호의 규정에 의한 전자우편물

6. 제90조의 규정에 의한 표시기사용우편물

7. 제94조의 규정에 의한 우편요금수취인부담의 우편물

8. 우체통에서 발견된 습득물 중 우편물에서 이탈된 것으로 인정되지 아니하는 주민등록증

② 제1항에 따라 요금후납을 하려는 자는 발송우체국장에게 요금후납신청서를 제출해야 한다. 〈개정 2019. 2. 8.〉

③ 요금후납을 하는 자는 매월 이용한 우편물의 우편요금등을 다음 달 20일까지 발송우체국에 납부해야 한다. 다만, 발송우체국장과 발송인과의 계약에 따라 접수하는 등기취급 소포우편물의 경우에는 다음 달 중에 그 계약서에 정한 날까지 납부할 수 있다. 〈개정 2019. 2. 8.〉

④ 제1항부터 제3항까지에서 규정한 사항 외에 요금후납의 이용신청, 변경사항 통보, 우편물 표시 등 필요한 사항은 우정사업본부장이 정하여 고시한다. 〈개정 2019. 2. 8.〉

⑤ 삭제 〈2019. 2. 8.〉

[전문개정 1997. 12. 31.]

제98조의2(담보금의 제공) ①요금후납을 하고자 하는 자는 그가 납부할 1월분 우편요금등의 예상금액의 2배이상에 해당하는 금액의 보증금을 납부하거나 우정사업본부장이 지정하는 이행보증보험증권 또는 지급보증서를 제공하여야 한다. 다만, 국가·지방자치단체·공

공기관·「은행법」에 따른 은행 및 특별법에 의하여 설립된 공공기관과 우정사업본부장이 정하여 고시하는 기준에 적합한 자에 대하여는 담보의 제공을 면제할 수 있다. 〈개정 1999. 7. 20., 2001. 4. 20., 2005. 8. 4., 2010. 9. 1.〉

②발송우체국장은 납부할 우편요금등의 변동에 따라 제1항의 규정에 의한 담보금액을 증감할 수 있다.

[본조신설 1997. 12. 31.]

제99조 삭제 〈2019. 2. 8.〉

제100조 삭제 〈2019. 2. 8.〉

제101조 삭제 〈2019. 2. 8.〉

제102조(요금후납 계약의 해지 등) ①발송우체국장은 요금후납을 하는 자가 다음 각 호의 어느 하나에 해당한 때에는 그 계약을 해지할 수 있다. 〈개정 2019. 2. 8.〉

1. 매월 100통이상의 우편물을 발송할 것을 조건으로 우편요금등을 후납하는 자가 발송하는 우편물이 계속하여 2월이상 또는 최근 1년간 4월이상 월 100통에 미달한 때

2. 제98조제3항의 규정에 의한 우편요금등의 납부를 최근 1년간 3회이상 태만히 한 때

3. 제98조의2의 규정에 의한 담보금을 제공하지 않은 때

②요금후납으로 우편물을 발송하는 자가 요금후납 계약을 해지하고자 할 때에는 이를 발송우체국에 통보하여야 한다.

③제1항 및 제2항의 규정에 의하여 요금후납 계약을 해지하고자 할 때에는 그 납부하여야 할 우편요금등을 즉시 납부하여야 한다.

[전문개정 1997. 12. 31.]

[제목개정 2019. 2. 8.]

제103조(담보금의 반환) 요금후납계약을 해지한 경우 제98조의2에 따른 담보금은 납부하여야 할 우편요금등을 빼고 그 잔액을 되돌려 주어야 한다. 〈개정 1997. 12. 31., 2018. 2. 19.〉

[제목개정 2018. 2. 19.]

제5절 삭제 〈2019. 2. 8.〉

제104조 삭제 〈2019. 2. 8.〉

제6절 무료우편물

제105조(무료우편물의 발송) ① 법 제26조에 따른 무료우편물에는 발송인이 그 우편물 표면의 윗부분 오른쪽에 다음 각 호의 구분에 따라 표시하여야 한다. 〈개정 2014. 12. 4.〉

1. 법 제26조제1호 및 제2호에 해당하는 우편물: “우편사무”
2. 법 제26조제3호에 해당하는 우편물: “구호우편”
3. 법 제26조제4호에 해당하는 우편물: “시각장애인용우편”
4. 법 제26조제5호에 해당하는 우편물: “전쟁포로우편”

② 무료우편물의 발송인 또는 수취인이 국가·지방자치단체 또는 공무원인 경우에는 그 기관명 또는 직위 및 성명을, 개인, 기관 또는 단체인 경우에는 그 성명, 기관명 또는 단체명 및 주소를 우편물의 외부에 기재하여야 한다. 〈개정 2014. 12. 4.〉

③ 제1항 및 제2항을 위반한 우편물은 무료우편물로 취급하지 아

니한다. 〈개정 2014. 12. 4.〉

④ 법 제26조제3호 및 제5호에 따른 무료우편물에 대해서는 우정사업본부장이 정하는 바에 따라 해당 발송기관의 장이 인정하는 것만 해당한다. 〈신설 2014. 12. 4.〉

⑤ 제4항에 따른 무료우편물을 발송할 때에는 우편물의 종별 및 수량 등을 기재한 발송표를 발송우체국에 제출하여야 한다. 〈신설 2014. 12. 4.〉

⑥ 무료우편물은 우정사업본부장이 특별히 정하는 것을 제외하고는 특수취급을 하지 아니한다. 〈신설 2014. 12. 4.〉

⑦ 무료우편물의 발송에 관하여는 제100조제3항 및 제4항을 준용한다. 이 경우 "요금후납우편물"을 "무료우편물"로 본다. 〈신설 2014. 12. 4., 2018. 2. 19.〉

제106조 삭제 〈2016. 3. 16.〉

제4장 우편물의 송달 〈개정 1997. 12. 31.〉

제1절 통칙

제107조(우편물의 발송) ①특수취급이 아닌 통상우편물은 우체통(우정사업본부장이 설치한 무인우편물 접수기기를 포함한다)에 투입하여 발송하여야 한다. 다만, 우편물의 용적이 크거나 일시 다량발송으로 인하여 우체통(우정사업본부장이 설치한 무인우편물 접수기기를 포함한다)에 투입하기 곤란한 경우와 이 규칙에서 달리 정하는 경우에는 그러하지 아니하다. 〈개정 1997. 12. 31., 2001. 4. 20.〉

②소포우편물과 특수취급으로 할 통상우편물은 우체국 창구(우정

사업본부장이 설치한 무인우편물 접수기기를 포함한다)에 이를 제출하여야 한다. 〈개정 1997. 12. 31., 2001. 4. 20.〉

③제1항 및 제2항의 규정에 의하여 우편물을 발송하기 곤란한 특별한 사정이 있는 경우에는 우정사업본부장이 정하는 바에 따라 우편물 집배원에게 우편물의 발송을 의뢰할 수 있다. 〈개정 1995. 12. 30., 1997. 12. 31., 2001. 4. 20.〉

제108조 삭제 〈1997. 12. 31.〉

제109조 삭제 〈1997. 12. 31.〉

제110조(우편물의 전송을 위한 주거이전 신고 등) ① 법 제31조의2제1항에 따라 주거이전을 신고하려는 자는 별지 제1호서식을 작성하여 우체국장에게 제출하여야 한다. 이 경우 우체국장은 다음 각 호의 서류를 확인하여야 한다.

1. 신고인이 본인임을 증명할 수 있는 서류

2. 주거이전을 증명할 수 있는 서류

3. 대리인이 신고하는 경우에는 위임받은 사실을 증명할 수 있는 서류

② 법 제31조의2제1항에 따라 주거이전을 신고한 자가 그 신고를 철회하려는 경우 또는 주거이전을 신고한 날부터 3개월이 지난 후에도 주거이전을 신고한 곳으로 도착하는 우편물을 받으려는 경우에는 별지 제1호서식을 작성하여 우체국장에게 신고하여야 한다. 이 경우 우체국장은 다음 각 호의 서류를 확인하여야 한다.

1. 신고인이 본인임을 증명할 수 있는 서류

2. 대리인이 신고하는 경우에는 위임받은 사실을 증명할 수 있는

서류

③ 우체국장은 제1항에 따라 주거이전을 신고한 자가 동의하는 경우에는 「전자정부법」 제36조제1항에 따라 행정정보의 공동이용을 통하여 주거이전을 증명할 수 있는 서류를 확인할 수 있다. 〈신설 2018. 2. 19.〉

[전문개정 2015. 7. 21.]

제111조(잘못 배달된 우편물의 반환등) ①잘못 배달된 우편물 또는 수취인이 주거를 이전한 우편물을 받은 자는 즉시 해당 우편물에 그 뜻을 기재한 쪽지를 붙여 우체통에 투입하거나 우체국에 돌려주어야 한다. 〈개정 1997. 12. 31., 1999. 1. 21., 2022. 1. 4.〉

②제1항의 경우 잘못하여 그 우편물을 개봉한 자는 다시 봉함한 후 그 사유를 쪽지에 적어 붙여야 한다. 〈개정 2022. 1. 4.〉

[제목개정 1997. 12. 31.]

제112조(우편물의 조사) ①우체국장은 업무상의 필요에 의한 관계자료로서 우편물의 봉투·포장지 또는 수취한 엽서등의 확인을 위하여 우편물 수취인에게 협조를 요청할 수 있다. 〈개정 1997. 12. 31.〉

②제1항의 규정에 의한 확인을 마친 경우에는 수취인에게 이를 반환하여야 한다.

제112조의2(반환 거절의 의사 및 반환의사의 표시방법) ① 법 제32조제1항제1호에 따라 반환 거절의 의사를 우편물에 기재하려는 자는 우편물 표면 좌측 중간에 "반환 불필요"라고 표시해야 한다.

② 법 제32조제1항제2호 본문에서 "과학기술정보통신부령으로 정하는 우편물"이란 통상우편물(취급과정을 기록취급하는 우편물은 제

외한다)로서 다음 각 호에 해당하는 우편물을 말한다.

1. 영 제25조제1항에 따라 우편요금등을 따로 납부하는 우편물

2. 제98조제1항제1호에 따른 우편물

③ 법 제32조제1항제2호 단서에 따라 제2항에 따른 우편물에 반환의사를 기재하려는 자는 우편물 표면 좌측 중간에 "반환" 또는 "우편물 송달 불능 시 반환 필요"라고 표시해야 한다.

[전문개정 2024. 7. 24.]

제112조의3(반환우편물의 처리) 법 제32조제3항에 따라 우편물을 발송인에게 되돌려 보낼 때에는 수취인불명, 수취거부 등의 반환사유를 우편물의 표면에 기재하여야 한다. 〈개정 2018. 2. 19.〉

[본조신설 2015. 7. 21.]

[제목개정 2018. 2. 19.]

제2절 사설우체통

제113조 삭제 〈1999. 1. 21.〉

제114조 삭제 〈1999. 1. 21.〉

제115조 삭제 〈1999. 1. 21.〉

제116조 삭제 〈1999. 1. 21.〉

제117조 삭제 〈1999. 1. 21.〉

제118조 삭제 〈1999. 1. 21.〉

제119조 삭제 〈1999. 1. 21.〉

제120조 삭제 〈1999. 1. 21.〉

제121조 삭제 〈1999. 1. 21.〉

제2절의2 보관교부 <신설 1997. 12. 31.>

제121조의2(우체국보관 우편물의 보관기간) 영 제43조제6호의 규정에 의한 우편물의 보관기간은 우편물이 도착한 다음 날부터 기산하여 10일로 한다. 다만, 교통이 불편하거나 그 밖의 사유로 인하여 수취인이 10일 이내에 우편물을 교부받을 수 없다고 인정될 때에는 20일의 범위안에서 이를 연장할 수 있다. <개정 2020. 2. 17.>

[본조신설 1997. 12. 31.]

제121조의3(보관교부지 우편물의 교부) ①영 제43조제7호에 따른 교통이 불편하여 통상의 방법으로 우편물 배달이 어려운 지역(이하 "보관교부지"라 한다)에 송달하는 우편물은 배달우체국에서 보관하고 수취인의 청구에 따라 내준다. 다만, 보관교부지에 거주하는 자가 미리 당해배달우체국 관할구역안의 일정한 곳을 지정하여 배달할 것을 신청한 때에는 그 곳에 배달하여야 한다. <개정 2014. 12. 4.>

②제1항에 따른 우편물의 보관기간은 우편물이 도착한 다음 날부터 기산하여 30일로 하고, 보관교부지는 관할지방우정청장이 정하여 공고하여야 한다. <개정 2014. 12. 4.>

[본조신설 1997. 12. 31.]

제121조의4(보관교부우편물의 기재사항변경등) ①제121조의2 및 제121조의3의 규정에 의하여 우체국에서 보관·교부할 우편물에 대하여는 수취인이 아직 교부받지 아니한 경우에 한하여 보관우체국을 변경하거나 배달장소를 지정하여 그 곳에 배달하여 줄 것을 보관우체국장에게 청구할 수 있다.

②제1항의 규정에 의한 보관우체국의 변경청구는 1회에 한한다.

③제121조의2 및 제121조의3제2항에 따른 보관기간이 경과된 우편물은 발송인에게 되돌려 주어야 한다. 〈개정 2018. 2. 19.〉

[본조신설 1997. 12. 31.]

제3절 우편사서함

제122조(우편사서함 사용신청 등) ① 영 제46조제2항에 따라 우편사서함(이하 "사서함"이라 한다)을 사용하려는 자는 별지 제2호서식을 작성하여 사서함이 설치된 우체국의 우체국장에게 제출하여야 한다. 〈개정 2015. 7. 21.〉

②제1항의 신청을 받은 우체국장은 다음 각호의 순위에 따라 우선적으로 사서함 사용계약을 할 수 있다.

1. 국가기관 및 지방자치단체
2. 일일배달 예정물량이 100통이상인 다량 이용자
3. 우편물배달 주소지가 사서함 설치 우체국의 관할구역인 경우

[전문개정 1997. 12. 31.]

[제목개정 2015. 7. 21.]

제122조의2(사서함의 사용) ①사서함은 2인이상이 공동으로 사용할 수 없다.

② 사서함 사용자는 계약우체국장이 정하는 기간 내에 사서함의 자물쇠 및 열쇠의 제작실비에 해당하는 금액을 납부하여야 한다. 〈개정 2010. 9. 1.〉

③계약우체국장은 사서함을 관리함에 있어서 필요하다고 인정할 때에는 사서함 사용자(사용계약 신청중에 있는 자를 포함한다)의 주

소·사무소 또는 사업소의 소재지를 확인할 수 있다.

[본조신설 1997. 12. 31.]

제122조의3(사서함 사용자의 통보) ① 사서함 사용자는 다음 각 호의 어느 하나의 내용이 변경된 경우에는 지체 없이 별지 제2호서식을 작성하여 계약우체국장에게 통보하여야 한다.

1. 사서함 사용자의 성명 또는 주소 등
2. 우편물의 대리수령인

② 사서함 사용자는 다음 각 호의 어느 하나에 해당하는 경우에는 지체 없이 별지 제2호서식을 작성하여 계약우체국장에게 통보하여야 한다.

1. 사서함이 훼손된 것을 발견한 경우
2. 사서함의 열쇠를 잃어버린 경우

[전문개정 2015. 7. 21.]

제123조(열쇠의 교부등) ①계약우체국장은 사서함의 사용자에게 그 번호를 통지하고 사서함의 개폐에 사용하는 열쇠 한 개를 교부한다. 다만, 사용자의 요구가 있는 때에는 2개이상을 교부할 수 있다. 〈개정 1997. 12. 31.〉

②사서함의 사용자는 제1항에도 불구하고 계약우체국장과 협의하여 사서함의 열쇠를 직접 제작하여 사용할 수 있다. 〈개정 1997. 12. 31., 2022. 1. 4.〉

③제1항 단서의 규정에 의하여 2개이상의 열쇠를 교부받고자 하는 자는 추가 개수의 열쇠제작실비를 납부하여야 한다. 열쇠의 분실로 인한 추가교부의 경우에도 또한 같다. 〈개정 1997. 12. 31.〉

[제목개정 1997. 12. 31.]

제124조 삭제 〈1997. 12. 31.〉

제125조(사서함앞 우편물의 배달) ①사서함의 사용자가 공공기관·법인 기타 단체인 경우에 그 소속직원에게 배달할 우편물은 당해 사서함에 배부할 수 있다.

②사서함앞 우편물로서 등기우편물, 요금수취인부담우편물, 요금등이 미납되거나 부족한 우편물 또는 용적이 크거나 수량이 많아 사서함에 넣을 수 없는 우편물은 이를 따로 보관하고, 우편물배달증용지 또는 우편물을 따로 보관하고 있다는 뜻을 기재한 표찰을 사서함에 넣어야 한다.

제126조 삭제 〈2010. 9. 1.〉

제126조의2(사서함 사용계약 해지 등) ①계약우체국장은 사서함사용자가 다음 각 호의 어느 하나에 해당하는 때에는 사서함의 사용계약을 해지할 수 있다. 〈개정 2015. 7. 21.〉

1. 사서함에 배달된 우편물을 정당한 사유없이 30일이상 수령하지 아니한 때

2. 최근 3월간 계속하여 사서함에 배달한 우편물의 통수가 월 30통에 미달한 때

3. 우편관계법령의 규정에 위반한 때

4. 공공의 질서 또는 선량한 풍속에 반하여 사서함을 이용한 때

②제1항에 따라 계약이 해지된 사서함에 배달된 우편물은 그 해지통지를 한 날부터 10일 이내에 사서함을 사용하였던 자의 교부신청이 없는 때에는 발송인에게 이를 되돌려 주어야 한다. 〈개정

2015. 7. 21., 2018. 2. 19.〉

③사서함 사용자가 사서함 사용계약을 해지하려는 경우에는 별지 제2호서식에 그 해지예정일 및 계약을 해지한 후의 우편물 수취장소 등을 기재하여 해지예정일 10일 전까지 계약우체국장에게 통보하여야 한다. 〈개정 2015. 7. 21.〉

[본조신설 1997. 12. 31.]

[제목개정 2015. 7. 21.]

제127조 삭제 〈2010. 9. 1.〉

제4절 우편수취함

제128조(개별 또는 공동수취함의 설치) 영 제43조제4호의 규정에 의한 개별 또는 공동수취함(이하 "마을공동수취함"이라 한다)은 배달우체국장이 설치한다.

[전문개정 1999. 1. 21.]

제129조(마을공동수취함앞 우편물의 배달등) 마을공동수취함앞 우편물에 대한 배달 및 관리등은 우정사업본부장이 정하는 바에 따라 배달우체국장과 마을공동수취함을 관리하는 자와의 계약에 의하여 이를 정한다. 〈개정 1995. 12. 30., 2001. 4. 20.〉

제130조(마을공동수취함의 관리수수료) 우정사업본부장은 마을공동수취함의 관리인에게 예산의 범위안에서 배달소요시간을 기준으로 한 실비를 수수료로 지급하여야 한다. 〈개정 1995. 12. 30., 2001. 4. 20.〉

제131조(고층건물우편수취함의 설치) 영 제50조제1항의 규정에 의

한 고층건물의 우편수취함(이하 "고층건물우편수취함"이라 한다)은 건물구조상 한 곳에 그 전부를 설치하기가 곤란한 경우에는 3층이하의 위치에 3개소이내로 분리하여 설치할 수 있다. 다만, 고층건물우편수취함 설치대상 건축물로서 그 1층 출입구, 관리사무실 또는 수위실등(출입구 근처에 있는 것에 한한다)에 우편물 접수처가 있어 우편물을 배달할 수 있는 경우에는 고층건물우편수취함을 설치하지 아니할 수 있다.

제132조(고층건물우편수취함등의 규격·구조등) 영 제50조제2항의 규정에 의한 고층건물우편수취함의 표준규격·재료·구조 및 표시사항은 우정사업본부장이 정하여 고시한다. 〈개정 1999. 1. 21., 2001. 4. 20.〉

[전문개정 1995. 12. 30.]

제133조(고층건물우편수취함의 관리·보수) ①건축물의 관리책임자 또는 사용자는 설치된 고층건물우편수취함이 그 사용에 지장이 없도록 이를 관리하여야 한다. 〈개정 1995. 12. 30., 1999. 1. 21.〉

②고층건물우편수취함이 훼손된 경우 훼손된 날부터 15일이내에 이를 보수하지 아니한 때에는 이를 우편수취함으로 보지 아니한다. 〈개정 1995. 12. 30., 1999. 1. 21.〉

[제목개정 1995. 12. 30., 1999. 1. 21.]

제134조(고층건물우편수취함에 넣을 수 없는 우편물의 배달) ① 다음 각 호의 어느 하나에 해당하는 경우에는 수취인에게 직접 배달해야 한다.

1. 요금수취인부담우편물

2. 양이 많거나 부피가 커서 고층건물우편수취함에 넣을 수 없는 우편물

② 제1항 각 호 외의 특수취급우편물은 수취인에게 직접 배달하는 것을 원칙으로 하되, 등기우편물은 영 제42조제3항 단서에 따라 전자 잠금장치가 설치된 고층건물우편수취함에 넣을 수 있다.

[전문개정 2019. 2. 8.]

제135조(고층건물앞 우편물의 보관 및 반환) ①영 제51조제2항의 규정에 의하여 배달우체국에서 보관·교부할 우편물은 그 우편물이 배달우체국에 도착한 다음 날부터 10일간 이를 보관한다.

②제1항에 따른 기간이 경과하여도 우편물의 수취청구가 없는 경우에는 발송인에게 이를 되돌려 준다. 〈개정 2018. 2. 19.〉

[제목개정 2018. 2. 19.]

제5장 손해배상등 〈개정 1997. 12. 31.〉

제135조의2(우편물의 손해배상금액 및 지연배달의 기준) ① 법 제38조제1항제1호 및 제2호에 따라 잃어버리거나 못쓰게 된 우편물의 손해배상금액은 다음과 같다. 〈개정 2018. 2. 19., 2021. 7. 1.〉

1. 등기통상우편물: 10만원
2. 준등기통상우편물: 5만원

2의2. 선택등기통상우편물: 10만원

3. 등기소포우편물: 50만원
4. 민원우편물: 표기금액
5. 보험취급우편물: 신고가액

②법 제38조제1항제3호의 규정에 의한 현금추심취급 우편물의 손해배상금액은 그 추심금액으로 한다.

③제1항 및 제2항의 경우에 실제 손해액이 손해배상금액보다 적을 때는 그 실제 손해액을 배상한다.

④법 제38조제1항제1호 및 제2호의 규정에 의하여 배상하는 지연배달의 기준 및 배상금액은 별표 5와 같다. 〈개정 2011. 12. 2.〉

[전문개정 2005. 8. 4.]

제136조(손해의 신고등) ①등기우편물의 배달(반환을 포함한다. 이하 같다)에 있어서 수취인 또는 발송인이 그 우편물에 손해가 있음을 주장하여 수취를 거부하고자 할 때에는 집배원 또는 배달우체국에 그 사유를 통보하여야 한다. 〈개정 2018. 2. 19.〉

②배달우체국장은 제1항에 따른 우편물이 외부에 파손의 흔적이 없고 중량에 차이가 없어 법 제40조에 해당한다고 인정하는 때에는 그 사유를 기재한 조서와 함께 수취를 거부한 자에게 우편물을 교부해야 하며, 그렇지 않다고 인정하는 때에는 수취를 거부한 다음 날부터 15일 이내에 기일을 정하여 수취를 거부한 자 또는 손해배상청구권자의 출석을 요구하고 그 출석하에 해당 우편물을 개봉하여 손해의 유무를 검사해야 한다. 〈개정 2001. 4. 20., 2022. 1. 4.〉

③제2항의 규정에 의한 검사결과 우편물에 손해가 없다고 인정하는 때에는 그 사유를 기재한 조서와 함께 동 우편물을 교부하고, 손해가 있다고 인정하는 때에는 손해조서를 작성하여 제135조의2의 규정에 의한 손해배상금을 지급한다. 〈개정 1995. 12. 30., 1997. 12. 31.〉

제137조(수취를 거부한 자가 출석하지 아니한 때의 처리) 제136조 제2항의 경우에 수취를 거부한 자 또는 손해배상청구권자가 지정기일에 출석하지 아니한 때에는 당해인에게 그 우편물을 배달하여야 한다.

제138조(손해배상청구의 취소) 우편물의 손해배상을 청구한 자가 그 청구를 취소한 때에는 우체국은 즉시 당해우편물을 청구인에게 교부하여야 한다.

제139조(손해배상금의 반환통지) 손해를 배상한 우체국에서 법 제45조의 규정에 의한 통지를 하는 때에는 영 제53조의 규정에 의한 반환금액 · 반환방법 및 우편물의 청구방법을 명시하여야 한다.

제140조 삭제 〈2014. 12. 4.〉

제6장 서신송달업자 등의 관리 〈신설 2014. 12. 4.〉

제141조(서신송달업자의 신고 등) ① 법 제45조의2제1항에 따라 서신을 송달하는 업(이하 "서신송달업"이라 한다)을 신고하려는 자는 별지 제3호서식의 서신송달업 신고서에 사업계획서(사업운영 및 시설에 관한 사항, 수입 · 지출계산서 등을 포함한다)를 첨부하여 관할 지방우정청장에게 제출하여야 한다. 〈개정 2015. 7. 21.〉

② 제1항에 따라 신고를 받은 담당공무원은 「전자정부법」 제36조 제1항에 따른 행정정보의 공동이용을 통하여 다음 각 호의 서류를 확인하여야 한다. 다만, 신고를 한 자가 제2호의 확인에 동의하지 아니하는 경우에는 해당 서류를 첨부하도록 하여야 한다. 〈개정 2015. 7. 21.〉

1. 법인 등기사항증명서(신고를 한 자가 법인인 경우에 한정한다)

2. 사업자등록증명(신고를 한 자가 개인사업자인 경우에 한정한다)

3. 삭제 〈2015. 7. 21.〉

③ 서신송달업의 신고를 한 자의 상호, 소재지, 대표자 및 사업계획 등이 변경된 경우에는 별지 제3호서식의 서신송달업 변경신고서에 그 변경사실을 증명할 수 있는 서류를 첨부하여 관할지방우정청장에게 제출하여야 한다. 〈개정 2015. 7. 21.〉

④ 관할지방우정청장은 제1항과 제3항에 따른 신고를 받은 경우에는 별지 제4호서식의 신고대장에 이를 기재하고 별지 제5호서식의 신고필증을 교부하여야 한다. 〈개정 2015. 7. 21.〉

[본조신설 2014. 12. 4.]

제142조(휴업 · 폐업 등의 신고) 법 제45조의4에 따라 서신송달업자가 그 영업을 30일 이상 휴업 또는 폐업하거나 휴업 후 재개하려는 경우에는 별지 제6호서식의 신고서를 지방우정청장(관할 지방우정청장 또는 그 밖의 지방우정청장 중 어느 한 지방우정청장을 말한다)에게 제출하여야 한다. 이 경우 관할 지방우정청장이 아닌 지방우정청장이 신고서를 제출받으면 이를 관할 지방우정청장에게 송부하여야 한다. 〈개정 2015. 7. 21., 2016. 12. 30.〉

[본조신설 2014. 12. 4.]

제143조(사업개선명령) 법 제45조의5에 따라 관할지방우정청장은 서신송달업자가 다음 각 호의 어느 하나에 해당할 때에는 그 시정을 명할 수 있다.

1. 법 제45조의2제3항에 따른 변경신고를 하지 아니하는 경우

2. 화재 등으로 인하여 서신송달서비스의 제공에 지장이 발생하였음에도 보수 등 필요한 조치를 하지 아니하는 경우

3. 작업장의 보안 등이 상당히 취약하여 서신의 비밀침해 등으로 이용자의 권익을 현저히 해친다고 인정되는 경우

[본조신설 2014. 12. 4.]

제144조(행정처분의 기준) ① 법 제45조의6제2항에 따른 서신송달업자에 대한 처분의 기준은 별표 6과 같다.

② 관할지방우정청장은 행정처분을 한 때에는 별지 제7호서식의 행정처분기록대장에 그 내용을 기록하여야 한다. 〈개정 2015. 7. 21.〉

[본조신설 2014. 12. 4.]

제145조(규제의 재검토) ① 삭제 〈2024. 7. 24.〉

② 과학기술정보통신부장관은 제143조에 따른 사업개선명령에 대하여 2015년 1월 1일을 기준으로 5년마다(매 5년이 되는 해의 1월 1일 전까지를 말한다) 그 타당성을 검토하여 개선 등의 조치를 해야 한다.

[전문개정 2021. 7. 1.]

부칙 〈제879호, 1994. 9. 13.〉

이 규칙은 1994년 10월 1일부터 시행한다. 다만, 제25조제2항, 제29조제2항제3호, 제61조제3항제1호 · 제2호 및 제70조제1항 · 제2항의 규정은 공포한 날부터 시행한다.

부칙 〈제13호, 1995. 12. 30.〉

이 규칙은 1996년 1월 1일부터 시행한다.

부칙 〈제26호, 1996. 6. 29.〉

①(시행일) 이 규칙은 1996년 7월 1일부터 시행한다.

②삭제〈1999. 1. 21.〉

부칙 〈제44호, 1997. 12. 31.〉

제1조 (시행일) 이 규칙은 1998년 1월 1일부터 시행한다.

제2조 (다른 법령의 폐지) 다음 각호의 규칙은 이를 각각 폐지한다.

1. 우편물운송편감시규칙
2. 광고우편엽서의발행및판매에관한규칙

제3조 (우편요금계기사용자에 관한 경과조치) 이 규칙 시행당시 종전의 규정에 의하여 우편요금계기사용에 관한 인가를 받은 자는 이 규칙에 의한 우편요금계기사용자로 본다.

제4조 (요금수취인부담의 승인을 얻은 자에 관한 경과조치) 이 규칙 시행당시 종전의 규정에 의하여 요금수취인부담의 승인을 얻은 자는 이 규칙에 의한 요금수취인부담을 이용하는 자로 본다.

제5조 (우편요금의 후납승인을 얻은 자에 관한 경과조치) 이 규칙 시행당시 종전의 규정에 의하여 우편요금의 후납승인을 얻은 자는 이 규칙에 의한 우편요금후납을 하는 자로 본다.

제6조 (사설우체통의 설치승인자에 관한 경과조치) 이 규칙 시행당시 종전의 규정에 의하여 사설우체통의 설치승인을 받은 자는 이

규칙에 의한 사설우체통 설치·이용자로 본다.

제7조 (사서함 사용승인자에 관한 경과조치) 이 규칙 시행당시 종전의 규정에 의하여 사서함 사용승인을 얻은 자는 이 규칙에 의한 사서함 사용자로 본다.

제8조 (다른 법령의 개정) ①우편번호부발행규칙중 다음과 같이 개정한다.

제1조중 "우편법시행령 제3조"를 "우편법시행령 제5조제1항"으로 한다.

②국제특급우편취급규칙중 다음과 같이 개정한다.

제18조를 삭제한다.

③우편환법시행규칙중 다음과 같이 개정한다.

제33조제2항제1호중 "우편법시행령 제45조"를 "우편법시행규칙 제121조의3제1항"으로 한다.

부칙 〈제64호, 1999. 1. 21.〉

이 규칙은 공포한 날부터 시행한다.

부칙 〈제78호, 1999. 7. 20.〉

①(시행일) 이 규칙은 공포한 날부터 시행한다.

②(우편물의 손해배상금액에 관한 경과조치) 이 규칙 시행당시 이미 접수된 우편물의 손해배상금액에 관하여는 제135조의2제1항제2호의 개정규정에 불구하고 종전의 규정에 의한다.

부칙 〈제89호, 2000. 4. 4.〉 (우체국예금·보험에관한법률시행규칙)

제1조(시행일) 이 규칙은 공포한 날부터 시행한다. 〈단서 생략〉

제2조(다른 법령의 개정) ①생략

②우편법시행규칙중 다음과 같이 개정한다.

제32조제3항중 "체신예금"을 "우체국예금"으로, "체신예금계좌번호"를 "우체국예금계좌번호"로 한다.

제34조중 "체신예금계좌번호"를 각각 "우체국예금계좌번호"로, "체신예금계좌"를 "우체국예금계좌"로 한다.

③내지 ⑥생략

부칙 〈제110호, 2001. 4. 20.〉

①(시행일) 이 규칙은 공포한 날부터 시행한다. 다만, 제59조 단서의 개정규정은 2001년 7월 1일부터 시행한다.

②(내용증명우편물에 대한 배달증명 청구기간에 관한 적용례) 제59조 단서의 개정규정은 2001년 7월 1일 접수한 우편물부터 적용한다.

③(우편물손해배상금액에 관한 경과조치) 이 규칙 시행 당시 종전의 규정에 의하여 접수된 우편물의 손해배상에 관하여는 제135조의2제2호의 개정규정에 불구하고 종전의 규정에 의한다.

부칙 〈제151호, 2004. 7. 6.〉 (전자적민원처리를위한별정우체국법시행규칙등중개정령)

이 규칙은 공포한 날부터 시행한다.

부칙 〈제176호, 2005. 8. 4.〉

①(시행일) 이 규칙은 공포한 날부터 시행한다.

②(우편요금등의 감액대상 우편물에 관한 적용례) 제85조제1호 나목의 개정규정은 2006년 1월 1일 이후에 접수한 우편물부터 적용하고, 제85조제2호 나목 및 라목의 개정규정은 2005년 10월 1일 이후에 접수한 우편물부터 적용한다.

③(연체료에 관한 적용례) 제104조의 개정규정은 이 규칙 시행후 최초로 발생하는 연체료부터 적용한다.

부칙 〈제188호, 2006. 2. 9.〉

이 규칙은 2006년 3월 1일부터 시행한다.

부칙 〈제200호, 2006. 7. 19.〉 (행정정보의 공동이용 및 문서감축을 위한 우편대체법 시행규칙 등 일부개정령)

이 규칙은 공포한 날부터 시행한다.

부칙 〈제209호, 2007. 1. 10.〉

이 규칙은 공포한 날부터 시행한다.

부칙 〈제216호, 2007. 4. 20.〉

이 규칙은 2007년 4월 27일부터 시행한다.

부칙 〈제1호, 2008. 3. 3.〉 (지식경제부와 그 소속기관 직제 시행규칙)

제1조(시행일) 이 규칙은 공포한 날부터 시행한다.

제2조 부터 제4조까지 생략

제5조(다른 법령의 개정) ① 부터 ㊵ 까지 생략

㊶ 우편법 시행규칙 일부를 다음과 같이 개정한다.

제2조의2 각 호 외의 부분 중 “정보통신부령”을 “지식경제부령”으로 한다.

제22조제3항 중 “정보통신부장관”을 “지식경제부장관”으로 한다.

㊷ 부터 〈64〉 까지 생략

부칙 〈제148호, 2010. 9. 1.〉

제1조(시행일) 이 규칙은 공포한 날부터 시행한다.

제2조(다른 법률의 인용에 따른 경과조치) 2010년 11월 17일까지는 제98조의2제1항 단서의 개정규정 중 “은행”은 “금융기관”으로 본다.

부칙 〈제216호, 2011. 12. 2.〉

제1조(시행일) 이 규칙은 「대한민국과 미합중국 간의 자유무역협정」이 우리나라에 대하여 그 효력을 발생하는 날부터 시행한다.

제2조(일반적 적용례) 이 규칙은 이 규칙 시행 후 최초로 수집이나 접수된 우편물부터 적용한다.

부칙 〈제1호, 2013. 3. 24.〉 (미래창조과학부와 그 소속기관 직제 시행규칙)

제1조(시행일) 이 규칙은 공포한 날부터 시행한다.

제2조 부터 제5조까지 생략

제6조(다른 법령의 개정) ①부터 ㉕까지 생략

㉖ 우편법 시행규칙 일부를 다음과 같이 개정한다.

제2조의2 각 호 외의 부분 중 "지식경제부령"을 "미래창조과학부령"으로 한다.

제12조제1항 본문 중 "지식경제부장관"을 "미래창조과학부장관"으로 한다.

㉗부터 ㉛까지 생략

부칙 〈제14호, 2013. 12. 31.〉 (행정규제기본법 개정에 따른 규제 재검토기한 설정을 위한 과학관의 설립·운영 및 육성에 관한 법률 시행규칙 등 일부개정령)

이 규칙은 공포한 날부터 시행한다.

부칙 〈제29호, 2014. 12. 4.〉

제1조(시행일) 이 규칙은 2014년 12월 4일부터 시행한다. 다만, 제25조, 제56조, 제61조제2항, 제66조, 제70조, 제70조의10 및 별표 1부터 별표 4까지의 개정규정은 2015년 1월 1일부터 시행한다.

제2조(우편물 등에 관한 경과조치) ① 이 규칙 시행 전에 종전의 제25조에 따라 접수한 우편물에 관하여는 제25조, 제61조제2항, 제

66조 및 제70조의 개정규정에 불구하고 종전의 규정에 따른다.

② 이 규칙 시행 전에 제71조제1항제1호에 따라 국내에서의 우표류판매업무에 관한 계약을 체결한 자에 대한 우표류 판매업무의 승계에 관하여는 제75조의 개정규정에 불구하고 종전의 규정에 따른다.

③ 이 규칙 시행 전에 제25조에 따라 접수한 다음 날 오전배달 국내특급우편의 지연배달에 대한 손해배상금액 및 지연배달의 기준에 관하여는 별표 5의 개정규정에 불구하고 종전의 규정에 따른다.

부칙 〈제46호, 2015. 7. 21.〉

이 규칙은 2015년 7월 21일부터 시행한다.

부칙 〈제61호, 2016. 1. 6.〉 (법령서식 일괄 개정을 위한 과학관의 설립·운영 및 육성에 관한 법률 시행규칙 등 일부개정령)

이 규칙은 공포한 날부터 시행한다.

부칙 〈제65호, 2016. 3. 16.〉

이 규칙은 공포한 날부터 시행한다.

부칙 〈제89호, 2016. 12. 30.〉 (규제 재검토기한 설정 등을 위한 방송법 시행규칙 등 일부개정령)

이 규칙은 2017년 1월 1일부터 시행한다.

부칙 〈제1호, 2017. 7. 26.〉 (과학기술정보통신부와 그 소속 기관 직제 시행규칙)

제1조(시행일) 이 규칙은 공포한 날부터 시행한다.

제2조 부터 제5조까지 생략

제6조(다른 법령의 개정) ①부터 ㉙까지 생략

㉚ 우편법 시행규칙 일부를 다음과 같이 개정한다.

제2조의2 각 호 외의 부분 중 "미래창조과학부령"을 "과학기술정보통신부령"으로 한다.

제12조제1항 본문 및 제145조 각 호 외의 부분 중 "미래창조과학부장관"을 각각 "과학기술정보통신부장관"으로 한다.

㉛부터 ㊶까지 생략

부칙 〈제7호, 2018. 2. 19.〉

제1조(시행일) 이 규칙은 공포한 날부터 시행한다. 다만, 제25조제1항제1호의2, 제2관의2(제28조의2부터 제28조의4까지) 및 제135조의2제1항제2호의 개정규정은 공포 후 6개월이 경과한 날부터 시행하고, 제25조제1항제2호 및 제29조의 개정규정은 공포 후 1개월이 경과한 날부터 시행한다.

제2조(내용증명의 재증명 청구에 관한 적용례) 제54조제1항 및 제2항의 개정규정은 이 영 시행 전에 내용증명우편물을 발송하여 이 영 시행 이후 내용증명의 재증명을 청구하는 경우에도 적용한다.

제3조(통화등기에 관한 경과조치) 부칙 제1조 단서에 따른 시행일 전에 종전의 제29조에 따라 통화등기로 통화를 발송한 경우에는 제

29조의 개정규정에도 불구하고 종전의 규정에 따른다.

부칙 〈제22호, 2019. 2. 8.〉

이 규칙은 공포한 날부터 시행한다. 다만, 제98조부터 제102조까지의 개정규정은 공포 후 3개월이 경과한 날부터 시행한다.

부칙 〈제42호, 2020. 2. 17.〉

제1조(시행일) 이 규칙은 공포 후 1개월이 경과한 날부터 시행한다. 다만, 제86조제6항, 제121조의2 단서 및 제145조제2호는 공포한 날부터 시행한다.

제2조(대금교환 역무의 폐지에 따른 경과조치) 이 규칙 시행 전에 종전의 규정에 따른 대금교환 역무를 목적으로 접수한 대금교환우편물의 처리에 대해서는 제12조의2, 제25조제1항제3호, 제32조부터 제36조까지 및 별표 1부터 별표 4까지의 개정규정에도 불구하고 종전의 규정에 따른다.

제3조(우체국보관 우편물의 보관기간 연장에 관한 경과조치) 이 규칙 시행 전에 영 제43조제6호에 따른 우체국보관 우편물의 보관기간은 제121조의2 단서의 개정규정에도 불구하고 종전의 규정에 따른다.

부칙 〈제48호, 2020. 6. 16.〉

이 규칙은 공포한 날부터 시행한다.

부칙 〈제76호, 2021. 7. 1.〉

이 규칙은 공포한 날부터 시행한다.

부칙 〈제86호, 2022. 1. 4.〉 (어려운 법령용어의 정비를 위한 13개 법령의 일부개정에 관한 과학기술정보통신부령)

이 규칙은 공포한 날부터 시행한다.

부칙 〈제129호, 2024. 7. 24.〉

이 규칙은 공포한 날부터 시행한다. 다만, 제25조제1항제1호의3 및 제112조의2의 개정규정은 2024년 7월 24일부터 시행한다.

별표 / 서식

[별표 1] 보편적 우편역무의 특수취급 종류와 이에 따른 우편물(제12조의2제2항 관련)

[별표 2] 보편적 우편역무에 부가할 수 있는 우편역무(제12조의2제3항 관련)

[별표 3] 선택적 우편역무 종류에 따른 우편물(제25조제2항 관련)

[별표 4] 선택적 우편역무에 부가할 수 있는 우편역무(제25조제3항 관련)

[별표 5] 지연배달 기준 및 배상금액(제135조의2제4항 관련)

[별표 6] 행정처분의 기준(제144조제1항 관련)

[별지 제1호서식] 우편물 전송을 위한 주거이전(신고서, 연장신고서, 철회신고서)

[별지 제2호서식] 사서함 (사용, 사용변경, 사고통보, 사용해지) 신청서

[별지 제3호서식] 서신송달업 (신고서, 변경신고서)

[별지 제4호서식] 서신송달업 신고대장

[별지 제5호서식] 서신송달업 (변경)신고필증

[별지 제6호서식] 서신송달업 (휴업, 폐업, 재개업) 신고서

[별지 제7호서식] 행정처분기록대장

대한민국 법령 시리즈 296

우편법

법 령 / 시 행 령 / 시 행 규 칙

2025년 7월 7일 인쇄 정가 19,000원
2025년 7월 17일 발행

편 저 편집부
디 자 인 송영미
발 행 인 조준형
발 행 처 해광출판사

http://www.hgbookpub.com
E-mail : munbookcokr@naver.com
주 소 부산광역시 중구 해관로 41-1 (중앙동2가)
전화번호 (051) 253-0001 팩스 (051) 245-1187

등 록 제 2012-000005호

해광출판사에서는 여러분의 소중한 원고와 함께 할 기회를 기다리고 있습니다. 책으로 엮을 원고나 아이디어가 있으신 분들은 이메일 munbookcokr@naver.com 로 책에 대한 간단한 개요와 원고 전체 또는 일부를 연락처와 함께 보내주십시오.

ISBN 979-11-6881-850-7

※ 법령 출처 : 법제처 국가법령정보센터

※ 본 도서는 〈공공데이터 제공 및 이용 활성화에 관한 법률〉을 근거로 출판되었습니다.

해광출판사 **대한민국 법령 시리즈**

001. 선원법
002. 어선법
003. 선박직원법
004. 해사안전기본법
005. 해양환경관리법
006. 선박의 입항 및 출항등에 관한 법률
007. 학교안전사고예방 및 보상에 관한 법률
008. 종합부동산세법
009. 방위사업법
010. 행정규제기본법
011. 식품산업진흥법
012. 위험물안전관리법
013. 화재의 예방 및 안전관리에 관한 법률
014. 도시가스사업법
015. 실내공기질관리법
016. 지방세법
017. 소득세법
018. 법인세법
019. 도선법
020. 선박안전법
021. 선박법
022. 수산업법
023. 고압가스안전관리법
024. 국민연금법
025. 공동주택관리법
026. 화학물질관리법
027. 어선원 및 어선 재해보상보험법
028. 장기등 이식에 관한 법률
029. 자연재해대책법
030. 공유재산 및 물품 관리법
031. 산업입지 및 개발에 관한 법률
032. 부정경쟁방지 및 영업비밀보호에 관한 법률
033. 금융지주회사법
034. 온실가스 배출권의 할당 및 거래에 관한 법률
035. 건축사법
036. 산림문화휴양에 관한 법률
037. 전기사업법
038. 사립학교법
039. 고등교육법
040. 액화석유가스의 안전관리 및 사업법
041. 선박투자회사법
042. 수산자원관리법
043. 위험물선박운송및저장규칙
044. 선박평형수관리법
045. 주택임대차보호법
046. 상가건물임대차보호법
047. 지방공기업법
048. 승강기안전관리법
049. 수목원·정원의 조성 및 진흥에 관한 법률
050. 민법
051. 치료감호 등에 관한 법률
052. 대부업 등의 등록 및 금융이용자 보호에 관한 법률
053. 사료관리법
054. 무형문화재 보전 및 진흥에 관한 법률
055. 총포·도검·화약류 등의 안전관리에 관한 법률
056. 경찰관직무집행법
057. 시설물의 안전 및 유지관리에 관한 특별법
058. 수산생물질병 관리법
059. 소비자기본법
060. 국제선박등록법
061. 정보통신망 이용촉진 및 정보보호 등에 관한 법률
062. 해운법
063. 농수산물 품질관리법
064. 수산업협동조합법
065. 해외건설촉진법
066. 수상레저안전법
067. 공무원재해보상법
068. 수상에서의 수색·구조 등에 관한 법률
069. 어촌어항법
070. 항만법
071. 항만운송사업법
072. 해양경비법
073. 해양사고의 조사 및 심판에 관한 법률
074. 외국인근로자의 고용 등에 관한 법률
075. 중소기업기본법
076. 자유무역지역의 지정 및 운영에 관한 법률
077. 대기환경보전법
078. 소음진동관리법
079. 폐기물관리법
080. 하수도법
081. 물환경보전법
082. 토양환경보전법
083. 환경정책기본법
084. 산업재해보상보험법
085. 관세법
086. 노동조합 및 노동관계조정법
087. 근로기준법
088. 군인연금법
089. 먹는물관리법
090. 기술보증기금법
091. 관광진흥법
092. 감염병의 예방 및 관리에 관한 법률
093. 사법경찰관리의 직무를 수행할 자와 그 직무범위에 관한 법률
094. 수의사법
095. 가정폭력방지 및 피해자보호 등에 관한 법률
096. 환경영향평가법
097. 체육시설의 설치 · 이용에 관한 법률
098. 장사 등에 관한 법률
099. 상호저축은행법
100. 은행법
101. 보호관찰 등에 관한 법률
102. 형법
103. 자동차관리법
104. 형사소송법
105. 전자금융거래법
106. 마약류 불법거래 방지에 관한 특례법
107. 도로법
108. 주세법
109. 변리사법
110. 하천법
111. 중소기업진흥에 관한 법률
112. 발달장애인 권리보장 및 지원에 관한 법률
113. 주택법
114. 장애인복지법
115. 농어업경영체 육성 및 지원에 관한 법률
116. 공인중개사법
117. 건강기능식품에 관한 법률
118. 예비군법
119. 개발제한구역의 지정 및 관리에 관한 특별조치법
120. 국유재산법
121. 주차장법
122. 환경기술 및 환경산업 지원법
123. 대기관리권역의 대기환경개선에 관한 특별법
124. 악취방지법
125. 미세먼지 저감 및 관리에 관한 특별법
126. 가축분뇨의 관리 및 이용에 관한 법률
127. 물의 재이용 촉진 및 지원에 관한 법률
128. 물관리기본법
129. 물관리기술 발전 및 물산업 진흥에 관한 법률
130. 자원의 절약과 재활용촉진에 관한 법률
131. 전기 · 전자제품 및 자동차의 자원순환에 관한 법률
132. 건설폐기물의 재활용촉진에 관한 법률
133. 수도권매립지관리공사의 설립 및 운영 등에 관한 법률
134. 폐기물의 국가 간 이동 및 그 처리에 관한 법률
135. 폐기물처리시설 설치촉진 및 주변지역지원 등에 관한 법률
136. 자원순환기본법
137. 잔류성오염물질 관리법
138. 환경분쟁 조정법

해광출판사 대한민국 법령 시리즈

139. 화학물질의 등록 및 평가 등에 관한 법률
140. 환경오염시설의 통합관리에 관한 법률
141. 환경오염피해 배상책임 및 구제에 관한 법률
142. 중소기업제품 구매촉진 및 판로지원에 관한 법률
143. 환경개선비용 부담법
144. 환경분야 시험·검사 등에 관한 법률
145. 환경친화적 산업구조로의 전환촉진에 관한 법률
146. 환경친화적 자동차의 개발 및 보급 촉진에 관한 법률
147. 환경범죄 등의 단속 및 가중처벌에 관한 법률
148. 생명윤리 및 안전에 관한 법률
149. 장애인차별금지 및 권리구제 등에 관한 법률
150. 부동산투자회사법
151. 정치자금법
152. 과학기술기본법
153. 대리점거래의 공정화에 관한 법률
154. 상속세 및 증여세법
155. 학원의 설립 · 운영 및 과외교습에 관한 법률
156. 해양심층수의 개발 및 관리에 관한 법률
157. 전기용품 및 생활용품 안전관리법
158. 사회기반시설에 대한 민간투자법
159. 공직선거법
160. 정당법
161. 유류오염손해배상 보장법
162. 부정청탁 및 금품등 수수의 금지에 관한 법률
163. 항로표지법
164. 어장관리법
165. 민방위기본법
166. 공직자윤리법
167. 선거관리위원회법
168. 유선 및 도선 사업법
169. 전기공사업법
170. 사회복지사업법
171. 택지개발촉진법
172. 국가공무원법
173. 민간임대주택에 관한 특별법
174. 어음법·수표법
175. 민사집행법
176. 상법
177. 문화예술진흥법
178. 중소기업협동조합법
179. 농업협동조합법
180. 도로교통법
181. 의료사고 피해구제 및 의료분쟁 조정 등에 관한 법률
182. 산림보호법
183. 소년법
184. 동물보호법
185. 건축물관리법
186. 도시개발법
187. 화물자동차 운수사업법
188. 도시 및 주거환경정비법
189. 의료법
190. 국회법
191. 응급의료에 관한 법률
192. 출입국관리법
193. 노인복지법
194. 산림자원의 조성 및 관리에 관한 법률
195. 청소년 보호법
196. 초 · 중등교육법
197. 혁신도시 조성 및 발전에 관한 특별법
198. 경제자유구역의 지정 및 운영에 관한 특별법
199. 공공기관의 운영에 관한 법률
200. 대한민국헌법
201. 국민기초생활 보장법
202. 저작권법
203. 가사소송법
204. 국가유공자 등 예우 및 지원에 관한 법률
205. 국민체육진흥법
206. 전통주 등의 산업진흥에 관한 법률
207. 재난 및 안전관리 기본법
208. 정보통신공사업법
209. 주식회사 등의 외부감사에 관한 법률
210. 공익사업을 위한 토지 등의 취득 및 보상에 관한 법률
211. 개인정보 보호법
212. 국세기본법
213. 에너지이용 합리화법
214. 감정평가 및 감정평가사에 관한 법률
215. 국가인권위원회법
216. 가맹사업거래의 공정화에 관한 법률
217. 보건의료기본법
218. 산업안전보건법
219. 법무사법
220. 교육공무원법
221. 특허법
222. 민사소송법
223. 아동복지법
224. 전파법
225. 하도급거래 공정화에 관한 법률
226. 기초연금법
227. 사립학교교직원 연금법
228. 직업안정법
229. 장애아동 복지지원법
230. 부동산등기법
231. 자동차손해배상 보장법
232. 철도안전법
233. 항공안전법
234. 전자상거래 등에서의 소비자보호에 관한 법률
235. 독점규제 및 공정거래에 관한 법률
236. 상표법
237. 채무자 회생 및 파산에 관한 법률
238. 공무원연금법
239. 축산법
240. 근로복지기본법
241. 민원 처리에 관한 법률
242. 약사법
243. 방문판매 등에 관한 법률
244. 건축기본법
245. 지방세기본법
246. 지방세징수법
247. 지방자치법
248. 도시교통정비 촉진법
249. 공공주택 특별법
250. 국세징수법
251. 공인노무사법
252. 중대재해 처벌 등에 관한 법률
253. 외무공무원법
254. 소방시설공사업법
255. 검역법
256. 공중위생관리법
257. 할부거래에 관한 법률
258. 인터넷 멀티미디어 방송사업법
259. 전기통신사업법
260. 제품안전기본법
261. 철도사업법
262. 어린이제품 안전 특별법
263. 영유아보육법
264. 원자력안전법
265. 보험업법
266. 경비업법
267. 교통안전법
268. 세무사법
269. 관세사법
270. 공인회계사법
271. 지방공무원법
272. 고용정책 기본법
273. 국가경찰과 자치경찰의 조직 및 운영에 관한 법률
274. 협동조합 기본법
275. 재해구호법
276. 환경보건법

해광출판사 대한민국 법령 시리즈

277. 자살예방 및 생명존중문화 조성을 위한 법률
278. 소방산업의 진흥에 관한 법률
279. 소방기본법
280. 비송사건절차법
281. 자연환경보전법
282. 변호사법
283. 기업구조조정투자회사법
284. 전기통신기본법
285. 에너지법
286. 해양생태계의 보전 및 관리에 관한 법률
287. 사회보장기본법
288. 통신비밀보호법
289. 공증인법
290. 물류시설의 개발 및 운영에 관한 법률
291. 청소년활동 진흥법
292. 형의 집행 및 수용자의 처우에 관한 법률
293. 도시공원 및 녹지 등에 관한 법률
294. 태권도 진흥 및 태권도공원 조성 등에 관한 법률
295. 녹색건축물 조성 지원법
296. 우편법
297. 예금자보호법
298. 건설산업기본법
299. 금융회사의 지배구조에 관한 법률
300. 장애인활동 지원에 관한 법률
301. 언론중재 및 피해구제 등에 관한 법률
302. 국가재정법
303. 농지법
304. 게임산업진흥에 관한 법률
305. 정신건강증진 및 정신질환자 복지서비스 지원에 관한 법률
306. 디자인보호법
307. 의료기사 등에 관한 법률
308. 스마트도시 조성 및 산업진흥 등에 관한 법률
309. 내수면어업법
310. 한국주택금융공사법
311. 의료기기법
312. 유통산업발전법
313. 전통시장 및 상점가 육성을 위한 특별법
314. 여신전문금융업법
315. 해외자원개발 사업법
316. 산업교육진흥 및 산학연협력촉진에 관한 법률
317. 빈집 및 소규모주택 정비에 관한 특례법
318. 기업도시개발 특별법
319. 전력기술관리법
320. 국토기본법
321. 지하수법
322. 식품위생법
323. 광업법
324. 호스피스·완화의료 및 임종과정에 있는 환자의 연명의료결정에 관한 법률
325. 주식·사채 등의 전자등록에 관한 법률
326. 표시·광고의 공정화에 관한 법률
327. 골재채취법
328. 국민건강증진법
329. 새마을금고법
330. 여객자동차 운수사업법
331. 마리나항만의 조성 및 관리 등에 관한 법률
332. 한부모가족지원법
333. 국가를 당사자로 하는 계약에 관한 법률
334. 지방자치단체를 당사자로 하는 계약에 관한 법률
335. 축산물 위생관리법
336. 병역법
337. 음악산업진흥에 관한 법률
338. 국가균형발전 특별법
339. 첨단재생의료 및 첨단바이오의약품 안전 및 지원에 관한 법률
340. 공간정보의 구축 및 관리 등에 관한 법률
341. 공유수면 관리 및 매립에 관한 법률
342. 농수산물 유통 및 가격안정에 관한 법률
343. 아시아문화중심도시 조성에 관한 특별법
344. 신탁법
345. 자연공원법
346. 생활화학제품 및 살생물제의 안전관리에 관한 법률
347. 군인사법
348. 국제조세조정에 관한 법률
349. 낙동강수계 물관리 및 주민지원 등에 관한 법률
350. 주민등록법
351. 집합건물의 소유 및 관리에 관한 법률
352. 집단에너지사업법
353. 산림조합법
354. 반도체집적회로의 배치설계에 관한 법률
355. 자본시장과 금융투자업에 관한 법률
356. 담보부사채신탁법
357. 근로자퇴직급여 보장법
358. 국제과학비즈니스벨트 조성 및 지원에 관한 특별법
359. 수도법
360. 식품 등의 표시 · 광고에 관한 법률
361. 약관의 규제에 관한 법률
362. 인삼산업법
363. 종자산업법
364. 항공사업법
365. 건설기계관리법
366. 군형법
367. 궤도운송법
368. 기술의 이전 및 사업화 촉진에 관한 법률
369. 농수산물의 원산지 표시 등에 관한 법률
370. 담배사업법
371. 석유 및 석유대체연료 사업법
372. 가축전염병 예방법
373. 농어촌정비법
374. 식물신품종 보호법
375. 항공보안법
376. 중소기업창업 지원법
377. 군사법원법
378. 우주개발 진흥법
379. 해저광물자원 개발법
380. 산림복지 진흥에 관한 법률
381. 지능형 로봇 개발 및 보급 촉진법
382. 헌법재판소법
383. 옥외광고물 등의 관리와 옥외광고산업 진흥에 관한 법률
384. 혈액관리법
385. 국제항해선박 등에 대한 해적행위 피해예방에 관한 법률
386. 유료도로법
387. 독립유공자예우에 관한 법률
388. 신에너지 및 재생에너지 개발 · 이용 · 보급 촉진법
389. 신용정보의 이용 및 보호에 관한 법률
390. 출판문화산업 진흥법
391. 공항시설법
392. 국민 평생 직업능력 개발법
393. 아동 · 청소년의 성보호에 관한 법률
394. 방송법쉬
395. 신용보증기금법
396. 화장품법
397. 청소년 기본법
398. 인터넷주소자원에 관한 법률
399. 양곡관리법
400. 도로명주소법
401. 전자문서 및 전자거래 기본법
402. 산업기술의 유출방지 및 보호에 관한 법률
403. 국가기술자격법
404. 양식산업발전법
405. 산업기술혁신 촉진법
406. 새만금사업 추진 및 지원에 관한 특별법
407. 전자정부법
408. 지역 개발 및 지원에 관한 법률
409. 한국농어촌공사 및 농지관리기금법
410. 계량에 관한 법률
411. 기업활동 규제완화에 관한 특별조치법
412. 군에서의 형의 집행 및 군수용자의 처우에 관한 법률

해광출판사 대한민국 법령 시리즈

413. 규제자유특구 및 지역특화발전특구에 관한 규제특례법
414. 금융위원회의 설치 등에 관한 법률
415. 남녀고용평등과 일·가정 양립 지원에 관한 법률
416. 농어업인 삶의 질 향상 및 농어촌지역 개발촉진에 관한 특별법
417. 댐건설·관리 및 주변지역지원 등에 관한 법률
418. 국가유산수리 등에 관한 법률
419. 법원조직법
420. 보훈보상대상자 지원에 관한 법률
421. 부패방지 및 국민권익위원회의 설치와 운영에 관한 법률
422. 과학기술분야 정부출연연구기관 등의 설립·운영 및 육성에 관한 법률
423. 연구개발특구의 육성에 관한 특별법
424. 친환경농어업 육성 및 유기식품 등의 관리·지원에 관한 법률
425. 연안관리법
426. 영화 및 비디오물의 진흥에 관한 법률
427. 신용협동조합법
428. 방송통신발전 기본법
429. 범죄피해자 보호법
430. 가축 및 축산물 이력관리에 관한 법률
431. 국가표준기본법
432. 국가통합교통체계효율화법
433. 범죄인 인도법
434. 국가과학기술 경쟁력 강화를 위한 이공계지원 특별법
435. 국제경기대회 지원법
436. 금융혁신지원 특별법
437. 수자원의 조사·계획 및 관리에 관한 법률
438. 축산자조금의 조성 및 운용에 관한 법률
439. 소방시설 설치 및 관리에 관한 법률
440. 양성평등기본법
441. 축산계열화사업에 관한 법률
442. 수입식품안전관리 특별법
443. 대외무역법
444. 국가연구개발사업 등의 성과평가 및 성과관리에 관한 법률
445. 무역보험법
446. 기술사법
447. 광산안전법
448. 농약관리법
449. 농업·농촌 및 식품산업 기본법
450. 문화산업진흥 기본법
451. 부담금관리 기본법
452. 야생생물 보호 및 관리에 관한 법률
453. 한국은행법
454. 별정우체국법
455. 원양산업발전법
456. 콘텐츠산업 진흥법
457. 한국수출입은행법
458. 외국인투자 촉진법
459. 물류정책기본법
460. 전자서명법
461. 산업발전법
462. 산업표준화법
463. 소프트웨어 진흥법
464. 토지이용규제 기본법
465. 해수욕장의 이용 및 관리에 관한 법률
466. 정보통신 진흥 및 융합 활성화 등에 관한 특별법
467. 정보통신산업 진흥법
468. 지진·화산재해대책법
469. 소금산업진흥법
470. 위치정보의 보호 및 이용 등에 관한 법률
471. 외국법자문사법
472. 이러닝(전자학습)산업 발전 및 이러닝 활용 촉진에 관한 법률
473. 암관리법
474. 실용신안법
475. 가족관계의 등록 등에 관한 법률
476. 무인도서의 보전 및 관리에 관한 법률
477. 감사원법
478. 정보보호산업의 진흥에 관한 법률
479. 결혼중개업의 관리에 관한 법률
480. 공익신고자 보호법
481. 박물관 및 미술관 진흥법
482. 낚시 관리 및 육성법
483. 동산·채권 등의 담보에 관한 법률
484. 임금채권보장법
485. 국민투표법
486. 농림수산업자 신용보증법
487. 국가채권 관리법
488. 중소기업은행법
489. 식품안전기본법
490. 외국환거래법
491. 발명진흥법
492. 건설기술 진흥법
493. 기후위기 대응을 위한 탄소중립·녹색성장 기본법
494. 인체조직안전 및 관리 등에 관한 법률
495. 엔지니어링산업 진흥법
496. 신문 등의 진흥에 관한 법률
497. 식물방역법
498. 석탄산업법
499. 산업융합 촉진법
500. 비료관리법
501. 임업 및 산촌 진흥촉진에 관한 법률
502. 복권 및 복권기금법
503. 대규모유통업에서의 거래 공정화에 관한 법률
504. 뉴스통신 진흥에 관한 법률
505. 지능정보화 기본법
506. 자격기본법
507. 중소기업 기술혁신 촉진법
508. 국가공간정보 기본법
509. 농어업재해대책법
510. 방송광고판매대행 등에 관한 법률
511. 지식재산 기본법
512. 초고층 및 지하연계 복합건축물 재난관리에 관한 특별법
513. 해양 조사와 해양정보 활용에 관한 법률
514. 공간정보산업 진흥법
515. 공공기관의 정보공개에 관한 법률
516. 행정기본법
517. 해상교통안전법
518. 농어업재해보험법
519. 문화유산의 보존 및 활용에 관한 법률
520. 자연유산의 보존 및 활용에 관한 법률
521. 국토의 계획 및 이용에 관한 법률
522. 건축법
523. 국민건강보험법
524. 계엄법
525. 환경친화적 선박의 개발 및 보급 촉진에 관한 법률
526. 해양폐기물 및 해양오염퇴적물 관리법
527. 연안사고 예방에 관한 법률
528. 전기안전관리법
529. 의약품 등의 안전에 관한 규칙
530. 공공보건의료에 관한 법률
531. 군보건의료에 관한 법률
532. 농어촌 등 보건의료를 위한 특별조치법
533. 보호소년 등의 처우에 관한 법률
534. 국가를 당사자로 하는 소송에 관한 법률
535. 간호법
536. 국립묘지의 설치 및 운영에 관한 법률

*** 해광출판사의 법령 시리즈는 계속 발행 됩니다.**
**** 각 도서의 개정판은 인쇄일을 기준으로 제작 되었습니다.**